NÃO EXISTE GESTÃO
SEM COMUNICAÇÃO

DANIEL COSTA

NÃO EXISTE GESTÃO
SEM COMUNICAÇÃO
COMO CONECTAR ENDOMARKETING, LIDERANÇA E ENGAJAMENTO

8ª IMPRESSÃO

PORTO ALEGRE • SÃO PAULO • 2024

Copyright © 2014 Daniel Costa

PREPARAÇÃO Gustavo Faraon e Luciana Thomé
CAPA E PROJETO GRÁFICO Gabriel Gama
REVISÃO Rodrigo Rosp

Dados Internacionais de Catalogação na Publicação (CIP)

C837n   Costa, Daniel

       Não existe gestão sem comunicação: como conectar endomarketing, liderança e engajamento / Daniel Costa. – Porto Alegre : Dublinense, 2014.
      128 p. ; 23 cm.

      ISBN: 978-85-8318-035-7

      1. Marketing. 2. Endomarketing. 3. Mercadologia. 4. Administração de Empresas. 5. Liderança. I. Título.

CDD 658.8

Bibliotecária responsável: Ginamara de Oliveira Lima (CRB 10/1204)

Todos os direitos desta edição
reservados à Editora Dublinense Ltda.

Porto Alegre • RS
contato@dublinense.com.br

Para Antônio e Lenira, meu maior exemplo

*O maior problema com a comunicação
é a ilusão de que ela foi alcançada.*
George Bernard Shaw

INTRODUÇÃO

Qualificando os resultados das empresas
a partir das pessoas … 12

1 MOTIVAÇÃO E ENGAJAMENTO

Você, mestre de obras … 18

Construa catedrais … 19

Ponha lenha na fogueira! … 20

Motivação é o primeiro impulso; engajamento
é a conclusão, a eficiência … 21

Comece pelo interruptor … 23

Cuidado com o "engajômetro"! … 25

Engajamento é tudo … 26

Mude o indivíduo e mudará a organização … 27

Engajamento = desempenho + atitude … 28

Quando o colaborador não vê a empresa no futuro,
ele não se vê nessa empresa em seu futuro … 30

Todos pelo engajamento … 31

2 AS PESSOAS E SUAS DECISÕES

Decida, mas decida bem … 34

A velhinha que se exploda … 35

Nunca deixe o copo transbordar … 37

Principal responsável pela imagem
e reputação da empresa: o colaborador … 38

A decisão ocorre em todos os níveis … 39

Nem tudo é sigiloso … 40

O que você vai decidir hoje? … 41

3 A EMPRESA

Conectando tudo	44
Quer encantar o cliente? Encante antes o colaborador	45
O umbigo não é o centro do mundo	46
Ponha preço	47
4 Ps	48
Efetividade da comunicação interna	50
Endomarketing + estratégia = receita do bolo	52

4 GRUPOS E EQUIPES

Se em grupo é difícil, sozinho é muito pior	54
Foco na integração	55
Acabe com a nostalgia	56
De colaborador para colaborador	57
Use rivotril	58
Visão sistêmica é um diferencial competitivo	60
Esforços conjuntos, resultados melhores	61

5 GESTORES

Ou os líderes mudam ou mudam os líderes	64
Use rivotril (parte 2)	65
Como dizia o Chacrinha, quem não se comunica...	66
Administre melhor o tempo	67
Sobre reuniões: pare de perder tempo	68
Trabalhe e trabalhe muito, mas não se esqueça de planejar antes	70
A pirâmide hierárquica na posição certa	71

Comunicação que gera engajamento	72
Atenção, o colaborador vai falar!	73
As dez regras de ouro da comunicação direta para gestores	74

6 ENDOMARKETING NAS EMPRESAS

Como planejar e consolidar a área	76
O que é?	77
"Deus não faz banner, e comunicação interna não faz milagre"	78
Especialista em diálogo	79
Assuma uma posição: faça sentido, mas faça sentir!	80
Aja estrategicamente	81
Seja ágil	82
Pense grande, mas mire baixo	83
Seja notícia boa ou ruim, comunique	84
O que a área faz	85
Atuando na cadeia de valor	86
Suje as mãos	87
Afie o machado	88
Momento de contato	89
#ficaadica	90
Consolide a área de endomarketing	92

7 GESTÃO DE REDES INTERNAS DE COMUNICAÇÃO

Fazendo a gestão da rede	94
Integrando os canais	95
Passos para a efetividade do canal interno	96

Anunciar é preciso	97
O luto ao mural	98
Transmídia é importante	99
Rede interna de comunicação	100

8 INDICADORES DE EFETIVIDADE DE CANAIS

A escolha do canal	102
O essencial: informação pertinente	103
A pertinência no ciclo de efetividade da comunicação	104
Abrangência: um caminho direto ao colaborador	105
Estética: se estiver pensando em fazer um jornalzinho, não faça	106
Distribuição: entrega eficiente e efetiva	107
Periodicidade: reforçando a confiabilidade e a logística	108
Identificação: valorizando a cultura	110
Aprimorando o canal interno	111

9 TENDÊNCIAS

Olhos direcionados para o futuro	114
Concentração e contundência	115
Aposte no protagonismo	116
Libere as redes sociais	117
Direto ao ponto	118
O fim dos sorteios	119
Quem informa, forma	120
Permaneça atento às tendências	121

CONCLUSÃO

Não existe gestão sem comunicação	122

QUALIFICANDO OS RESULTADOS DAS EMPRESAS A PARTIR DAS PESSOAS

Recebi muitos feedbacks em relação ao meu primeiro livro. A maioria deles foi bastante positiva. No entanto, aquele que mais me marcou foi: "Seu livro é muito impessoal". Verdade, porém compreensível. Ao lançar o título, naquela época, eu sentia falta de uma publicação que preenchesse um espaço técnico e teórico para o endomarketing, com referenciais múltiplos e conexões com os temas de gestão das empresas. Nisso, acredito, *Endomarketing inteligente* atingiu seu objetivo.

Este segundo livro certamente é muito pessoal. Não apenas por ser escrito em primeira pessoa, mas por retratar muito do que aprendi com base na experiência em incontáveis organizações com as quais já trabalhei. Ele é povoado, basicamente, com minhas opiniões, algumas delas contundentes e polêmicas, mas embasadas com conteúdo científico.

Explico: uma de minhas principais atividades atualmente é realizar pesquisas e diagnósticos de endomarketing e comunicação interna, tendo concluído até o início de 2014 mais de quarenta trabalhos em organizações de grande porte espalhadas por todo o Brasil. Aplico uma metodologia exclusiva, que combina indicadores quantitativos com grupos de discussão, que já somam quase 700 eventos com nove mil participantes, representantes de uma população próxima a um milhão de colaboradores das empresas pesquisadas, coletados em dezoito estados brasileiros nos mais diversos segmentos, inclusive no setor público. Temos, portanto, na Santo de Casa, um amplo registro de dados e fatos das práticas organizacionais em endomarketing e comunicação interna que sustentam as opiniões aqui apresentadas.

Em 2013, decidimos compilar todos os trabalhos feitos até o fim de 2012 em um único material. Foi publicado, então, o *Relatório Brasil de endomarketing & comunicação interna*, que apresenta de forma sintética um apanhado geral dessas milhares de vozes que ouvimos país afora. A surpresa: nossas empresas são muito mais similares do que parecem. Identificamos inúmeras redundâncias entre os diagnósticos realizados, naquilo que pode ser considerado um diagnóstico do mercado. Fatores como visão sistêmica deficitária, indicadores contraditórios, desconhecimento da estratégia, excesso de ansiedade na gestão e uma forte escassez de líderes comunicadores são claramente identificados nas estatísticas e na análise de conteúdo das pesquisas. Todo este livro é referenciado nesses diagnósticos.

Eu já acreditava que o endomarketing era muito maior do que campanhas de propaganda interna e canais de comunicação com o colaborador, mas passei a ter absoluta certeza. Nosso trabalho em consultoria não é apenas em comunicação corporativa, é, essencialmente, de estratégia e gestão empresarial. Porque, caro leitor, você pode contar com os melhores profissionais do mercado, ter à disposição o maior orçamento, e ainda contratar a melhor agência de endomarketing para executar excelentes campanhas e canais primorosos. Porém, se na sua empresa não houver envolvimento da alta gestão, convergência da comunicação interna com a estratégia de negócios, coerência nas políticas de gestão de pessoas, integração sistêmica do trabalho e líderes verdadeiramente comprometidos com a comunicação direta junto às suas equipes, então você tem nada. Está perdendo seu tempo e dinheiro com esforços pífios, que podem até produzir certa analgesia temporariamente, mas não proporcionarão o engajamento dos colaboradores, tampouco melhores resultados dele decorrentes. Porque soluções de comunicação resolvem apenas problemas de comunicação.

Chegou o tempo de tratarmos das causas dos problemas de comunicação. Por isso, este livro é intitulado *Não existe gestão sem comunicação*. Ele fala de endomarketing sim, mas não espere dicas para campanhas internas, comemorações ou "como fazer um mural melhor". Este livro é um livro de negócios, que tem no endomarketing um meio para qualificar os resultados das empresas a partir das pessoas que nela trabalham, mas ele vai muito mais longe nas questões de gestão, estratégia e liderança.

É claro que *Não existe gestão sem comunicação* se destina aos milhares de profissionais de endomarketing e comunicação interna do país, mas especialmente a primeira metade do livro atinge um público bem mais amplo, sendo voltado para executivos e lideranças de todos os níveis e áreas — do financeiro à produção —, os verdadeiros protagonistas da comunicação nas empresas. A segunda metade tem um conteúdo mais técnico. Não é um manual, mas sim um "instigador de reflexões" que orienta (ou reorienta) algumas práticas bem-sucedidas que aprendi ou desenvolvi com meus clientes ao longo dos anos, e que se destacaram nesses processos de pesquisa.

Na verdade, de certa maneira, meu primeiro livro, que levou seis anos para ser concluído, foi escrito para mim mesmo. Foi uma forma de estudar, organizar o raciocínio, teorizar e desenvolver novos conceitos para o endomarketing. Este novo livro chancela na prática os conceitos do primeiro, mas foi escrito para compartilhar experiências e conhecimentos, forjados com muito trabalho e ampla produção científica, comprovando o quanto o endomarketing pode mudar a trajetória das pessoas e a história das organizações.

Ele foi o responsável pela mudança na minha vida, desde o primeiro contato que tive, quando passei a crer em sua força. Foi em 1999. Eu era funcionário de uma nova operadora da banda B de telefonia celular ainda em início de operações. Essa empresa lançou um jornal interno e eu fui escolhido para ser o *perfil* da primeira edição, ainda muito menino, mas ali retratado como um colaborador-modelo. Eu não me via como um exemplo aos demais, porém, a partir daquela matéria, passei a sê-lo. O reconhecimento da empresa ampliou muito meu engajamento, minha percepção de responsabilidade e, por consequência, meu desempenho. A empresa ganhou com isso, contou com minha dedicação para cumprir sua estratégia, mas eu ganhei muito mais.

Hoje, quando atuo em alguma empresa, sempre penso nisso e imagino provocar nas pessoas o mesmo que senti e vivi naquela época. Espero também que este livro ajude você a fazer o mesmo por si próprio, por sua equipe ou por seus colegas.

Boa leitura!

1

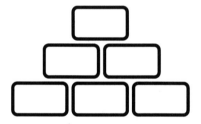

MOTIVAÇÃO E ENGAJAMENTO

VOCÊ, MESTRE DE OBRAS

Não basta estar motivado, é preciso engajamento. Neste assunto, o importante é saber diferenciar as duas situações e condições, percebendo qual delas pode (e deve) fazer parte do plano estratégico da empresa. O primeiro passo é, com certeza, construir catedrais e não simples paredes. Pegue os tijolos e siga no capítulo!

Lembre-se: Martin Luther King disse "I have a dream", e não "I have a plan".

CONSTRUA CATEDRAIS

Esta história não é minha e nem me lembro de onde a conheci. Você já deve ter ouvido, e ela fala muito sobre engajamento e motivação. Imagine que você está caminhando pela rua e avista dois pedreiros envolvidos na mesma obra. Intrigado, pergunta ao primeiro o que eles estão construindo. "Estou levantando uma parede", ele responde. O segundo, por sua vez, tem uma resposta diferente para a mesma questão: "Estamos construindo uma catedral", diz.

A partir disso, já é possível entender que a diferença entre motivação e engajamento está ligada ao valor do trabalho e à causa da organização. Não é difícil para uma empresa motivar as pessoas. Complicado é obter delas o engajamento para construir as catedrais.

O segundo pedreiro é o profissional que chega mais cedo, vai embora mais tarde, assenta os tijolos com prumo, desperdiça menos material e usa os equipamentos de segurança. Enquanto profissional, ele vai ser mais realizado e, provavelmente, mais feliz. E, quando falar para a família e os amigos sobre o trabalho e o que ele faz no dia a dia, ele vai ter uma expressão diferente de si mesmo. A tarefa é a mesma do primeiro pedreiro, mas seus objetivos e sua participação no projeto estão focados no futuro e em uma colaboração global e mais efetiva.

Comece por você e analise a resposta que você daria para o que está construindo no seu trabalho: uma parede ou uma catedral? Conseguir o engajamento do colaborador é algo bom para a empresa. Mas é excelente para o indivíduo!

Segundo pesquisa da Towers Watson, em 12 meses as empresas com maior índice de engajamento ampliaram o lucro operacional em 19% e o lucro por ação em 28%, em 36 meses ampliaram sua margem operacional em 3,7% em média.

PONHA LENHA NA FOGUEIRA!

Aprendi algo importante sobre casamento: é o relacionamento que mantém o amor, e não o amor que mantém o relacionamento. Ou seja, o sentimento por si só não basta para sustentar uma relação, mas a forma como as pessoas se relacionam pode manter vivo o sentimento.

Nas empresas, não é diferente. Normalmente, quando se fala em endomarketing, parece haver uma tendência em direcioná-lo para fortalecer os sentimentos do funcionário pela empresa. No entanto, minha experiência diz que esse sentimento é condição pré-existente. Portanto, os bons sentimentos quanto à organização estão lá, suficientemente fortes, mas desgastados pelo relacionamento, este, sim, prejudicado. Quando o sentimento cessa, o colaborador vai embora, se separa, ou então, o que é pior, se desengaja – você o perde em ambos os casos. Assim, devemos sempre investir em um excelente relacionamento do empregado com a empresa em todo o seu ciclo de vida na organização para preservar esse sentimento.

Para existir qualquer tipo de relacionamento, precisa haver, antes, comunicação entre aqueles que se relacionam. Mais um papel para a comunicação interna: fortalecer o relacionamento. Comparando: o amor é o fogo; o relacionamento, a lenha que o alimenta, seu combustível. Direcione seus esforços para alimentar sempre essa chama – enquanto você fizer isso, ela permanecerá viva e iluminada. Especialistas em endomarketing e comunicação interna estão mais para incendiários que para bombeiros, como alguns costumam dizer.

MOTIVAÇÃO É O PRIMEIRO IMPULSO;
ENGAJAMENTO É A CONCLUSÃO, A EFICIÊNCIA

As duas frases acima são o princípio básico quando se fala em equipe e colaboradores. Ao longo da história, as empresas passaram a ter o foco na motivação por estarem centradas em produção e volume. Nos anos 80, o mundo estava se globalizando e a competitividade passou a fazer parte do cotidiano das empresas. Então, surgiu o engajamento, um fator recente do fim dos anos 90. É possível ser um profissional motivado e/ou engajado. Pode parecer uma questão simples e descartável, mas há uma diferença sensível e importante entre as duas situações.

Motivação é o impulso para começar algo. Engajamento é a força para terminar de forma bem feita o que foi iniciado.

A motivação é formada principalmente por fatores tangíveis, que estão no presente e integram a relação do colaborador com a empresa através da proposta de trabalho. O engajamento é formado por questões subjetivas e é conduzido por direcionadores futuros, que são uma projeção e ainda serão concretizados.

Simplificando: a motivação está vinculada ao passado, e o engajamento está voltado para o futuro. Pense numa pessoa envolvida em um relacionamento amoroso. Ela tem a motivação de ser feliz e isso a levou a constituir o namoro ou o casamento. E, quando existe uma intenção de cuidar e manter, a pessoa está engajada, voltada para o futuro da relação com a pessoa que escolheu. De certa forma, não é o amor que mantém o relacionamento, mas é a forma de se relacionar do casal que mantém o amor vivo. Assim, a motivação é o "sim". O engajamento, o "até que a morte os separe", ou, na empresa, é o "que seja eterno enquanto dure", parafraseando o Poetinha.

Fazer endomarketing é fazer a gestão da subjetividade, dos fatores que vão além do que é tangível em uma empresa.

É preciso, portanto, não confundir motivação com objetivos. A motivação está vinculada aos fatores que levam o colaborador a realizar o trabalho. É o que a empresa indica ou direciona através de seus processos internos. O engajamento, por outro lado, tem relação total com o futuro, pois é o que a empresa oferece para esse colaborador. Não estou falando de remuneração ou possibilidades de crescimento (porque isso está ligado à motivação), mas de permitir que o colaborador vislumbre que possa construir um futuro pertencendo à equipe, que tenha uma causa. O motivado levanta paredes. O engajado constrói catedrais.

Não basta, portanto, o colaborador estar na empresa. É preciso que a empresa esteja no colaborador. É a releitura do conceito "endo": endomarketing não é o marketing dentro da empresa, mas o marketing "dentro" do colaborador.

COMECE PELO INTERRUPTOR

Pesquisas sobre o mercado de trabalho desenvolvidas por institutos como Towers Watson chegam ao mesmo número: cerca de um quarto dos colaboradores são ou estão desengajados. A prova do problema pode estar no interruptor elétrico do banheiro.

No ambiente corporativo, existem três forças distintas que agem sobre os colaboradores. A primeira delas é a **força de atração**, que age nas pessoas que ainda não estão na empresa. A segunda é a **força para engajar**, que determina se, uma vez dentro da empresa, o colaborador vai "construir catedrais" ou não. E a terceira é a **força de retenção**, que estabelece por quanto tempo a empresa conseguirá reter os seus profissionais. Da mesma forma, os estudos específicos sobre engajamento avaliam quais os comportamentos e as atitudes que as empresas têm diante desses desafios organizacionais.

Não é possível medir, concretamente, quais são as perdas ou os problemas gerados pela falta de engajamento. Mas sabe-se que isso pode prejudicar todos os setores, como nas negociações de compra e venda. O profissional engajado acredita que o seu trabalho contribui para qualidade do serviço ou do produto da empresa, gerando rentabilidade. A falta de engajamento é um dos principais ofensores de indicadores e KPIs (key performance indicator) da empresa.

Engajamento não é nada romântico. É uma questão gerencial. Imagine um colaborador que não acredita que seu trabalho contribua diretamente para a rentabilidade. Um belo dia, a empresa desenvolve uma campanha de endomarketing para estimular que os colaboradores ajudem a economizar energia elétrica. Para isso, um adesivo é colado junto ao interruptor pedindo que se apague a luz ao sair. O que o não engajado fará quando estiver na frente do adesivo? Nada. Meu trabalho em endomarketing é fazer com que ele desligue o interruptor do banheiro.

No cotidiano isso funciona da mesma forma. Um profissional de compras, por exemplo, efetua diversas cotações ao longo do mês. O trabalho dele não é simplesmente fazer o pedido de compra. Ele deve efetuar três orçamentos para cada compra e, mesmo obtendo um orçamento menor do que os outros dois, é esperado que ele ligue para o fornecedor mais barato, negocie e consiga reduzir o valor unitário do produto. Mas, se ele não acreditar, não fará.

Apagar o interruptor é estar engajado. Estar engajado é ir além do que é esperado.

CUIDADO COM O "ENGAJÔMETRO"!

Atenção: não é contratando uma agência de endomarketing para fazer uma campanha motivacional que a empresa vai aumentar a produção e dinamizar os processos. É preciso estar atento – e muito – ao "engajômetro".

A falta de engajamento gera cinco impactos diretos na empresa, interferindo em:

• Qualidade do produto ou serviço.
• Atendimento ao cliente.
• Rentabilidade da organização.
• Crescimento da receita.
• Custos relacionados à atividade.

As pesquisas realizadas pela Towers Watson provam isso. E todos esses impactos estão fora do alcance de uma campanha de comunicação. A realidade é exatamente esta: eu só tenho um emprego como consultor de endomarketing porque os gerentes das empresas não fazem o seu trabalho como deveriam e, especialmente, não estão atentos ao engajamento. Se as lideranças fizessem mais gestão de pessoas, as campanhas para engajar não seriam necessárias.

Outro dado verídico: os amplamente engajados não estão incomodados com o tempo que levam para chegar de casa até o trabalho. E isso passa diretamente por uma questão meramente subjetiva. Levar mais de uma hora até o trabalho não vai mudar a atitude do engajado. O colunista da Folha de S. Paulo José Simão fala, de maneira humorada, algo parecido com isso. Diz ele: "É impressionante que quanto mais chata a minha mulher fica, mais feia eu acho que ela é". Tem total relação com isso. Se ela ficar chata, a subjetividade perde valor. E a feiura (aspecto tangível) se evidencia.

Entre os não engajados, 43% têm planos de deixar a empresa no curto prazo ou estão ativamente procurando outro emprego. Entre os engajados, apenas 2% estão buscando outra colocação. **Os engajados só saem porque são assediados por outras empresas com propostas melhores.** Raramente dinheiro e salário estão relacionados ao engajamento. Mas a falta de engajamento está totalmente relacionada à rotatividade de funcionários.

Como está o "engajômetro" da sua empresa hoje?

Segundo o Gallup Wellbeing, o deslocamento de 45 minutos ou mais até o local de trabalho gera menos estresse nos colaboradores mais engajados. O nível de estresse aumenta conforme aumenta o desengajamento.

Ficam estressados com o longo deslocamento: 2,3% dos engajados, 16,3% dos desengajados e 27,1% dos ativamente desengajados.

ENGAJAMENTO É TUDO

As empresas estão acostumadas a fazer gestão por indicadores. É o velho paradigma de Herbert Simon colocado na prateleira ao lado dos troféus, que decreta: só é possível gerenciar o que é possível medir (cuja inspiração vem de Maquiavel, pois quer dizer praticamente o mesmo que "os fins justificam os meios"). Nesse quesito, concordo mais com Albert Einstein: "Nem tudo o que é mensurável é importante; nem tudo o que é importante é mensurável".

Muitas questões da rotina de uma empresa não podem, efetivamente, ser medidas. A empresa não tem como medir o gasto em energia elétrica quando os colaboradores não desligam o interruptor de luz, assim com não tem como mensurar quanto deixou de economizar pela falta de negociação na compra de materiais de escritório (mas essas perdas existem, chamo isso de "prejuízo discreto ou invisível").

Mas agora é que vem um dado muito importante: a origem desses números existe de fato. Ele é medido pelo engajamento. **Então, cuidar do engajamento é tão ou mais importante do que cuidar dos indicadores.**

Os melhores indicadores de desempenho estão diretamente vinculados aos índices de engajamento que a empresa possui. Essas são as questões de difícil identificação, que não podem ser mensuradas, e que vão minimizar os resultados e produzir danos.

A economia em energia elétrica não é um grande problema na maioria das empresas. No entanto, a questão sobre desligar ou não o interruptor de luz é um pequeno exemplo que pode ser aplicado a qualquer dificuldade que precise ser resolvida.

Tudo é engajamento. E tudo começa com pequenos gestos.

De acordo com a Globoforce Mood Tracker, a produtividade cresce com reconhecimento: 69% dos trabalhadores dizem que trabalhariam mais caso sentissem que seus esforços são reconhecidos. E a taxa de rotatividade cai: 14,9% têm taxas de rotatividade mais baixas quando recebem feedback sobre o seu trabalho.

MUDE O INDIVÍDUO E MUDARÁ A ORGANIZAÇÃO

Dentro das empresas, as áreas de recursos humanos se preocuparam, durante muitos anos, com a questão motivacional. Itens como benefícios diferenciados ou flexíveis e ergonomia passaram a ser valorizados. No entanto, não são eles que mudam uma organização.

A gestão de pessoas passará a ser estratégica dentro de uma empresa quando ela der um passo além e desenvolver um plano para o engajamento. Essa é a primeira etapa real para iniciar a mudança da organização como um todo.

Foque no indivíduo e estará focando na organização. Mas escolha os indivíduos certos. Muitas empresas se preocupam demais com os desengajados e, por mais que empreendam esforços, não conseguem resolver o problema.

O não engajado só poderá ser "salvo" dessa situação quando for possibilitada uma quebra de atitude, quando ele passar por uma mudança tão relevante na relação de trabalho que fique parecendo uma mudança de emprego. Mudou de chefe, mudou de setor, mudou de atividade – quase um emprego novo.

Talvez ele volte a se tornar uma pessoa engajada, mas somente talvez. No pior dos casos, é bom ter em mente: um desengajado é sempre melhor na concorrência.

A chave para o engajamento não está na remuneração ou nos benefícios. Ela se encontra na maneira como as pessoas percebem aquilo que as empresas oferecem em troca do seu trabalho.

ENGAJAMENTO = DESEMPENHO + ATITUDE

O engajamento é demonstrado pelo colaborador através do seu desempenho. Ao mesmo tempo, sua atitude está relacionada a aspectos qualitativos, intangíveis e comportamentais. Essa é a fórmula do engajamento: a soma do desempenho com a atitude.

A decisão correta do colaborador é a menor fração divisível da estratégia. Esse é o segundo princípio do endomarketing. Na prática e na base operacional, é isso que tira da parede o BSC (balanced scorecard). Por exemplo: no supermercado, a moça que trabalha no caixa determina seu desempenho pela velocidade e eficiência com que passa os itens pela registradora. Pode atingir a marca elogiável de cinquenta itens por minuto. Mas, ao atender o cliente, ela sorri, diz "bom dia" ou "boa noite", pergunta se ele encontrou tudo o que procurava e pede para trocar um produto que está com defeito na embalagem. Essas são algumas atitudes esperadas de sua função.

Atitude vem de ato; ato vem de agir; agir vem de ação, e toda ação vem depois de uma decisão. Por esse motivo, é importante cuidar tanto das decisões, porque isso é um princípio fundamental de endomarketing.

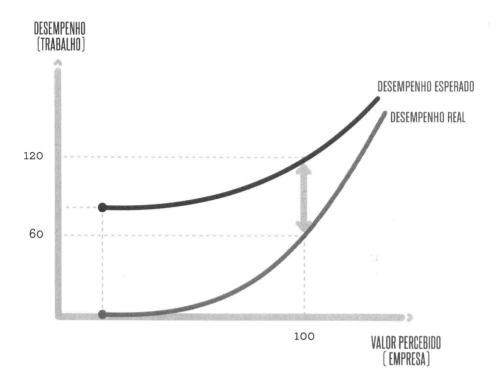

O endomarketing atua potencializando as relações de trabalho para reduzir o gap entre desempenho esperado e desempenho real. É essa dissonância que o gráfico acima apresenta. O conceito foi amplamente desenvolvido em meu primeiro livro, *Endomarketing inteligente*.

Há diferentes interesses envolvidos nas relações de trabalho. Empregadores e empregados se orientam por lógicas distintas ao buscar a prosperidade. De um lado, a empresa e aquilo que ela oferece às pessoas em troca de seu trabalho; de outro, as pessoas e sua percepção de valor acerca daquilo que recebem, percepção que acaba refletida em seus desempenhos.

Essa diferença é marcada por uma função de progressão geométrica de grau descendente. Ou seja, quanto menos a empresa oferece em troca do trabalho, maior será a diferença entre o desempenho que ela espera e o desempenho que efetivamente receberá do colaborador, pois sua percepção quanto àquilo que provém da empresa tende, na média (coletiva) e no longo prazo, a se configurar em uma percepção de injustiça quanto à sua recompensa.

QUANDO O COLABORADOR NÃO VÊ A EMPRESA NO FUTURO,
ELE NÃO SE VÊ NESSA EMPRESA EM SEU FUTURO

Antecipar o futuro é trabalhar no presente aquilo que se pretende alcançar. Se você não fizer isso, as pessoas vão olhar para trás e se vincular ao passado. Assim, antecipar o futuro é fazer a gestão de todas as etapas da catedral que será construída. É pedir para construir uma parede, mas mostrar a maquete completa da catedral.

Você recebe o pedido para que seja construída uma parede. E, junto com ele, vem o sonho, para que você imagine a sua família lhe fazendo companhia dentro da catedral.

Antecipando o futuro, você estará ganhando o sonho. Você leu na introdução deste capítulo: Martin Luther King não disse, naquele famoso pronunciamento, "eu tenho um plano". Não, ele foi mais longe, ele ousou. Ele disse "eu tenho um sonho".

O futuro ainda não existe. Ele é flexível, ampliável, qualificável e imaginável. É possível sonhar o futuro. Antecipe o que vai acontecer e potencialize o engajamento. Até porque, se você não ancorar sua gestão no futuro, as pessoas irão se vincular ao passado.

Pesquisa da McKinsey Quarterly mostra que elogio e reconhecimento têm efeito mais positivo no engajamento das pessoas do que motivadores financeiros como bônus, por exemplo. Qual é o mais efetivo?

67% elogio e reconhecimento pelos gestores	**63%** atenção dos líderes	**62%** oportunidades para liderar projetos
60% bônus	**52%** aumento de salário	**35%** ações

RESUMO DO CAPÍTULO

TODOS PELO ENGAJAMENTO

• Motivação é o impulso para começar algo. Engajamento é a força para terminar bem feito aquilo que começou. A motivação está vinculada ao passado; o engajamento está voltado para o futuro.

• Promover o engajamento é abrir caminho para que o colaborador construa catedrais e não apenas levante paredes.

• A falta de engajamento é o principal ofensor dos indicadores; por isso, combatê-la é uma prioridade gerencial.

• A gestão de pessoas passará a ser estratégica quando desenvolver um plano para o engajamento, diminuindo os impactos diretos que a falta dele pode causar à empresa.

• Engajamento é desempenho mais atitude. E muitos colaboradores trabalhariam mais e melhor caso sentissem que seus esforços são reconhecidos.

• Traga o futuro para o presente. Quando o colaborador não vê a empresa no futuro, ele não se vê nessa empresa em seu futuro.

2

**AS PESSOAS
E SUAS DECISÕES**

DECIDA, MAS DECIDA BEM

A decisão é a menor fração divisível da estratégia. Por esse motivo, ela é essencial para uma empresa ser bem-sucedida. Se o colaborador estiver alinhado com a missão da empresa, ele tomará mais decisões estratégicas. E essa é uma função do endomarketing: subsidiar e qualificar o processo de tomada de decisão na empresa. Dessa forma, é importante salientar que essas decisões ocorrem em todos os níveis e cargos. Não é uma prática exclusiva da diretoria.

Não esqueça: o ato é uma expressão do desejo. As pessoas estão nas empresas para tomarem decisões.

A VELHINHA QUE SE EXPLODA

Considerando o ambiente empresarial, a decisão correta dos colaboradores é a menor fração divisível da estratégia de negócios (não canso de falar isso!). Mas, muitas vezes, a estratégia é confundida com posicionamento de marketing, pois as empresas acabam achando que o planejamento estratégico é aquilo que elas dizem e não aquilo que elas fazem. No entanto, mesmo influenciando as atividades da empresa, o planejamento estratégico só pode ser concretizado pelas pessoas, a partir de suas decisões corretas e alinhadas, principalmente na base operacional.

Esse é o segundo princípio do endomarketing – o ato é uma expressão do desejo. Inclusive cito um exemplo que consta do meu livro anterior e dos treinamentos, que choca os ouvintes. Mas é muito verdadeiro. Ele diz o seguinte: a velhinha que se exploda!

Imagine a cena: você é um motorista de ônibus, engajado com a sua organização. Está parado no ponto, pronto para partir, e avista, a trinta metros, uma idosa sinalizando para que a espere. Você viu a velhinha e, neste momento, tem um problema. Precisa tomar uma decisão. O que você faz? Acelera e parte com o ônibus ou espera a velhinha, que empurra lentamente um andador e caminha passo a passo?

Se a missão da sua empresa, com a qual você está plenamente engajado, for "prestar serviços de transporte com agilidade e excelência operacional", então, a velhinha vai ficar para trás. Você tem um horário a cumprir e vários passageiros que contam com isso. E importante: essa não é uma decisão moral. Ela é puramente uma decisão estratégica. Existem vários fatores para as tomadas de decisão. Os motivos levam ao "por que decidir" e os critérios são o "como decidir". Ao mesmo tempo, se a missão é prestar um ótimo atendimento ao cliente, o motorista deve esperar o tempo que for pela passageira.

> As decisões significam a estratégia empresarial colocada em prática, é dessa forma que o engajamento se revela. A estratégia é de todos, e sua execução acontece na base operacional.

Entendendo essa lógica e tomando a decisão baseada na missão e nos objetivos da empresa, você, como gestor de pessoas, não pode ter uma orientação contraditória. A velhinha ligou para a empresa e fez uma queixa. O motorista chega e recebe um gancho do chefe. Isso é uma orientação contraditória. Muitas vezes, as pessoas são punidas por cumprirem a estratégia. E as empresas, mais do que nunca, precisam cuidar desse alinhamento.

Outro exemplo: quase todos os call centers têm, entre os seus indicadores, o *índice de satisfação dos clientes* (ISC) e também o *tempo médio de atendimento* (TMA). A meta é que o primeiro cresça e o segundo diminua. Isso, com certeza, é uma orientação contraditória.

Ao mesmo tempo, se você sofrer pela tomada de decisão de deixar a velhinha para trás, pare tudo e reflita. O departamento de recursos humanos pode ter errado ao lhe colocar na posição de motorista – esse setor precisa (e deve) buscar pessoas que se alinhem aos valores que norteiam a tomada de decisão na empresa.

NUNCA DEIXE O COPO TRANSBORDAR

A comunicação é o subsídio básico que as pessoas precisam para tomar as decisões corretas. Dessa forma, as decisões também têm relação direta com o fluxo de informações que circula na empresa de forma geral. A quantidade de informações que as empresas querem que os colaboradores saibam é uma garrafa. E a capacidade de armazenar as informações é um copo. No dia a dia, acontece essa ação: as empresas viram a garrafa até ela ficar totalmente vazia. O copo, obviamente, é menor do que a garrafa, e transborda, desperdiçando grande parte do líquido. **As empresas parecem não estar preocupadas em encher o copo, mas, sim, em esvaziar a garrafa.** Dessa forma, é natural que, assim como o copo, os colaboradores retenham muito pouco do volume despejado. E, consequentemente, tomar decisões fica mais difícil e mais falível.

Nesses casos, que são mais comuns do que imaginamos, o risco é certo. É como ter três bolinhas e lançar para que o colaborador as pegue. Ele agarra a primeira com a mão direita. Pega a segunda com a mão esquerda. E a terceira... Bem, você já entendeu. Ele só possui duas mãos, não consegue reter mais do que isso. E é mais complicado ainda se você não definir prioridades (como pegar sempre a bolinha vermelha).

As empresas acabam produzindo um volume de informação muito maior do que a capacidade de retenção e do que a necessidade das pessoas – muitas vezes, informações redundantes, atrasadas ou irrelevantes. Se esse fluxo não for administrado, é certo que 33% das bolinhas caiam, é provável que 66% delas também acabem no chão, ou, em alguns casos mais graves, pode ocorrer a perda de 100% das bolinhas.

A maioria das empresas que conheço não possui uma área de comunicação interna trabalhando para o negócio, mas sim para outras áreas da empresa. Assim, acabam se preocupando apenas em transmitir as informações. É preciso estar atento também ao seu consumo e efetividade, pois isso é mais importante. **Ou seja: transmitir a informação correta, para quem precisa dela, pelo canal adequado e na hora certa.**

Aprenda com os mais velhos. O histórico de empresas diagnosticadas por mim mostra que colaboradores mais velhos tendem a se comunicar melhor e buscar mais informações. Dos quatro indicadores que avaliam a dimensão *empresa*, em todos os melhores índices aparecem profissionais entre 36 e 45 ou acima de 45 anos.

PRINCIPAL RESPONSÁVEL PELA IMAGEM E REPUTAÇÃO DA EMPRESA: O COLABORADOR

O colaborador é **constituinte, construtor e construído** pela imagem e reputação da empresa. No entanto, muitas empresas separam isso. Elas acabam trabalhando sua imagem e reputação externamente, esquecendo que o colaborador é parte essencial. Quer encantar seu cliente? Então, encante primeiro seu colaborador.

Para sintetizar a questão, o colaborador é:

• **Constituinte** ao atender às expectativas do cliente, entregando o que é prometido (proposta de valor). O colaborador é o portador dos atributos da marca.

• **Construtor** ao exercer as suas atividades de forma bem feita, garantindo qualidade dos produtos e/ou serviços.

• **Construído** ao assumir e reproduzir a cultura da empresa e seus valores em suas atividades e relacionamentos.

Por esse motivo, é essencial proporcionar condições para que o colaborador exerça esses papéis, aprimorando a sua atuação e sustentando as decisões que ele toma. **É importante destacar que, enquanto a comunicação estabelece e influencia a imagem da empresa, é a prática das pessoas que determina sua reputação.**

A DECISÃO OCORRE EM TODOS OS NÍVEIS

Todo mundo está familiarizado com a lógica piramidal das empresas. O organograma é a representação de como as empresas se estruturam. Porém, não pode representar como elas funcionam, decidem e se comunicam. No entanto, é assim que a maioria das organizações entende (erroneamente) seu organograma.

A decisão estratégica ocorre em todos os níveis, especialmente no nível operacional. Não são apenas os gestores que tomam decisões. Por exemplo: se o rapaz que, no supermercado, é o responsável pelo empacotamento colocar melão, ovos e produtos de limpeza na mesma sacola, ele está indo contra a promessa de oferecer uma boa compra ao cliente. Os ovos chegarão quebrados, e o melão, com cheiro de detergente. Por outro lado, quando ele separa os saquinhos e os acomoda no carrinho, está tomando uma decisão altamente estratégica, pois cumpre a promessa de bom atendimento.

Toda decisão que cumpre o posicionamento prometido é estratégica. Mas nem toda decisão do presidente da empresa é estratégica. Quando ele aprova, por exemplo, um capital de giro para caixa, está tomando uma decisão operacional. No entanto, é a base operacional que faz a estratégia acontecer, assim como são os soldados e não apenas os generais que vencem guerras.

É claro que quanto mais acima na hierarquia, mais complexas são as decisões tomadas. Porém, o tipo de decisão pode variar de operacional a estratégica em qualquer nível. Ou seja, quanto mais alto na hierarquia, mais complexas são as decisões, e não necessariamente mais estratégicas. **Se o colaborador não consegue entender a estratégia da empresa, há duas possibilidades: ou você não explicou direito, ou a estratégia é equivocada.**

Estratégico ≠ Importante

Estratégico ≠ Complexo

NEM TUDO É SIGILOSO

Se a informação é importante para a tomada de decisão em todos os níveis da organização, o primeiro passo deve ser divulgá-la de forma conectada à estratégia para todos os colaboradores.

É importante não confundir informação sigilosa com informação estratégica. Nem tudo é sigiloso. E muito do que é sigiloso não é estratégico.

A grande maioria das pautas estratégicas não são nada sigilosas. E, para o bom andamento das atividades da organização, devem ser amplamente disseminadas.

RESUMO DO CAPÍTULO

O QUE VOCÊ VAI DECIDIR HOJE?

• A decisão correta é a menor fração divisível da estratégia. E, para decidir corretamente, o colaborador precisa estar engajado com a missão e a visão da empresa.

• Não produza um volume de informação maior do que a capacidade de retenção do colaborador. Se ele retiver pouco ou nada, ficará mais difícil tomar decisões e elas serão mais falíveis.

• O colaborador é constituinte, construtor e construído pela imagem e reputação da empresa. Ele é o portador dos atributos da marca, portanto comece por ele, e não de fora para dentro.

• A decisão estratégica ocorre em todos os níveis. Quanto mais acima na hierarquia, mais complexas são as decisões; ainda assim, é a base operacional que faz a estratégia acontecer.

• Nem toda informação sigilosa é estratégica, e poucas informações estratégicas são de fato sigilosas.

3

A EMPRESA

CONECTANDO TUDO

Para fazer um projeto de endomarketing e comunicação interna, a empresa precisa conectar suas ações voltadas aos colaboradores com a estratégia de negócios. O problema é que a grande maioria das áreas de endomarketing das empresas ainda está no nível "datas comemorativas". E isso não tem nada a ver com estratégia.

Você pode ter os melhores profissionais de comunicação interna, a melhor agência e o orçamento mais abundante. Porém, se não cuidar antes das questões estruturais da empresa, como visão sistêmica e liderança, então terá nada.

A comunicação interna cumpre o papel de constantemente fomentar a imagem da empresa e alinhar as pessoas aos objetivos estratégicos. Esses dois fatores em conjunto promovem motivação e engajamento elevados e, com isso, um desempenho superior.

QUER ENCANTAR O CLIENTE? ENCANTE ANTES O COLABORADOR

Muito já foi dito sobre o "primeiro lugar" nas prioridades da empresa pertencer ao cliente. Eu, contudo, defendo que a empresa tenha a preocupação de posicionar o seu colaborador no topo do pódio.

Por exemplo: se o SAC de uma empresa é o relacionamento com o cliente, o RH é o relacionamento com o colaborador e deve ser treinado e direcionado para isso, valorizando o colaborador como prioridade máxima dentro da empresa. Só assim ele terá vontade de fazer o mesmo pelo cliente.

Acima de tudo, a qualidade do relacionamento da empresa com os seus clientes é um reflexo da qualidade do relacionamento da empresa com seus colaboradores. Esse é o primeiro princípio do endomarketing. É o colaborador que cumpre as promessas feitas pelo marketing. Dessa forma, o endomarketing começaria antes do marketing.

Tudo isso tem uma relação direta com promessa e entrega. Aquilo que eu quero que meu cliente sinta, eu preciso fazer antes com que o colaborador sinta. O que acontece se o setor de recursos humanos demora a atender as solicitações de um dos eletricistas da companhia de energia elétrica? Diretamente, nada. Mas por que ele será ágil e atenderá na mesma hora a queda de um poste que deixou centenas de residências sem luz?

Outro caso: um shopping que tenha a missão de criar experiências únicas e memoráveis de consumo de lazer. Para o colaborador, a sua experiência de trabalho também precisa ser única e memorável. É o mínimo que deve acontecer. No entanto, se ele tiver condições precárias de trabalho e contar com vestiários e banheiros insalubres, por que deixará o banheiro do cliente brilhando e impecável?

A empresa deve comunicar aquilo que faz. Mas, antes, deve fazer aquilo que comunica.

O UMBIGO NÃO É O CENTRO DO MUNDO

Se a única finalidade da empresa é se preocupar com os resultados que o colaborador possa gerar, o colaborador só vai se preocupar com os resultados dele próprio.

Esse é o quinto princípio do endomarketing – da mutualidade. As pessoas vão valorizar seu trabalho e a empresa tanto quanto a empresa valorizar as pessoas e os seus trabalhos.

Em instituições financeiras, por exemplo, é muito comum a cobrança constante e excessiva para que o colaborador atinja as metas estabelecidas. E isso costuma ocorrer em detrimento de outros fatores, como relacionamento e bom atendimento, promovendo um discurso exclusivo de vender mais e mais. A atitude de comunicação é equivocada, pois, dessa forma, a mensagem que está sendo absorvida pela equipe é "só a meta importa". O colaborador não vai se preocupar com a relação dele com a empresa. Só vai estar voltado para a própria carreira, o próprio umbigo.

Para obter sucesso na relação entre colaborador e empresa, é preciso transcender o aspecto da meta tradicional, cobrando das pessoas não apenas o número, mas a forma como ele é atingido.

São comuns as empresas que determinam metas em prazos inviáveis e não proporcionam estrutura e recursos necessários para atingi-las. Essa incongruência desengaja as pessoas.

PONHA PREÇO

Todo profissional de marketing agrega valor à marca para rentabilizar a empresa. Assim, fará com que o cliente deseje pagar mais pelo seu produto do que por qualquer outro. Por isso, é importante manter o mesmo raciocínio para a relação com os colaboradores: colocando um preço no produto (empresa).

As empresas ainda trabalham muito com a lógica do "dar". Dão PPR, dão plano de saúde, dão alimentação, dão previdência privada, dão muitas outras coisas. E, assim, as pessoas não valorizam o que recebem.

É preciso parar de "dar" e começar a vender todas essas coisas. É importante que o colaborador saiba o quanto "custaram" os benefícios. Por exemplo: você se inscreveu para cursar um MBA e a empresa vai pagar 50% do valor da mensalidade. Para não "dar" simplesmente, o correto é o gestor sentar ao seu lado, renegociar as metas e discutir como os indicadores podem ser melhorados. Isso é uma forma de colocar "preço" para o seu trabalho, valorizando o apoio da empresa e tornando o colaborador parceiro desse investimento.

Lembre-se de que o preço da empresa é o desempenho do colaborador.

Cada "produto" oferecido pela empresa ao colaborador pode ter um "preço". O PPR, por exemplo, deve resultar em um melhor desempenho da equipe. O plano de saúde oferecido significa tranquilidade para ter foco no trabalho. E a previdência privada é traduzida em segurança e permanência do colaborador na empresa.

4 Ps

Não importa o que você vende. O primeiro produto de uma empresa são as oportunidades de trabalho e emprego para as pessoas, sendo que os cargos que as pessoas ocupam são a materialização desse produto.

O marketing trabalha com os 4 Ps (produto, preço, ponto e promoção). O produto é o primeiro item do composto de marketing. É ele que define as características, os benefícios e a marca da empresa, estimulando o engajamento do cliente.

Um produto é formado por características (atributos intrínsecos a ele), benefícios (o que o cliente ganha com ele ou qual necessidade ele atende) e marca (atributos intangíveis e sociais que agregam valor). Por exemplo: a água tem suas duas moléculas de hidrogênio e uma de oxigênio, mas quem a compra se beneficia por matar a sede, ou pela higiene, enfim. No entanto, se essa água for Perrier, terá um significado especial, portanto um preço maior.

Levando para a esfera do endomarketing, cada cargo também pode ser analisado como um "produto", que as pessoas "consomem" ao ocupá-los, pois representam as oportunidades de trabalho e emprego.

Cada cargo também vai ter características (o que ele é: tarefas, carga, estrutura e remuneração), benefícios (o que obtém: exercício profissional, status e empregabilidade) e marca/subjetividade (o que ele significa e os valores associados a ele: causa empresarial, desafio, clima e oportunidades, etc.).

No quadro a seguir, cada característica do cargo traz benefícios que lhe são atribuídos e valores subjetivos que também são importantes para o colaborador. Tudo isso se reflete no engajamento.

Gerenciar o endomarketing de uma empresa é gerenciar a subjetividade da experiência de trabalho/emprego. Assim como o profissional de marketing faz isso a partir da marca – que é a dimensão intangível do produto; no entanto, é aquela que mais agrega valor –, o profissional de endomarketing pensa que quanto mais "cara" a empresa for na percepção do empregado, maior será seu desempenho (preço) para compensar essa relação.

O COMPOSTO DE ENDOMARKETING

VENDEDOR

CARACTERÍSTICAS	BENEFÍCIOS	SUBJETIVIDADE (MARCA)
• Tarefas e atribuições	• Exercício da profissão	• Causa
• Carga horária	• Status	• Desafio
• Estrutura física	• Empregabilidade	• Crescimento
• Organogama	• Capacidade financeira	• Clima
• Remuneração	• Subsistência	• Aprendizado
	• Contas e investimentos	• Outros
	• Lazer, etc.	

TRABALHO: Desempenho + atitude

EFETIVIDADE DA COMUNICAÇÃO INTERNA

Ao longo do meu trabalho como consultor, pesquisador e instrutor, desenvolvi e aplico uma teoria que mede a efetividade da comunicação interna a partir de sua credibilidade, simetria e retenção das mensagens. A efetividade da comunicação interna não é determinada pelo processo ou pela pauta comunicada. Ela é definida pelos atributos que essa comunicação tem na percepção dos colaboradores e pela forma como a organização transaciona a informação.

A *credibilidade* é o quanto de "fé" a pessoa atribui ao emissor da comunicação. Havendo confiança, a informação comunicada gera um call for action, podendo desencadear no colaborador um processo de tomada de decisão e ação.

A *simetria* é o resultado do "efeito telefone sem fio" da informação. Ela precisa, por exemplo, sair da alta gestão e continuar preservada em todos os níveis até a base, ou mesmo em qualquer sentido horizontal ou transversal à estrutura que percorrer. Tem relação com o quanto a informação é perdida ou modificada ao longo desse processo.

A *retenção* é aquilo que as pessoas efetivamente acessaram, consumiram e compreenderam da informação, e que as mobilizam pela pertinência; o quanto da mensagem foi de fato armazenado na mente do receptor. Uma curiosidade: testes estatísticos que analisam a correlação entre variáveis comprovam que o indicador de reciprocidade (que avalia o quando o colaborador se sente ouvido pela empresa) é aquele que mais influencia a retenção. Ou seja, quanto mais as pessoas se sentem ouvidas, mais elas ouvem o que a empresa diz e, portanto, retêm melhor a comunicação interna.

Credibilidade, simetria e retenção são os indicadores principais de um conjunto de treze que compõem a parte quantitativa da minha metodologia.

A efetividade da comunicação interna é uma teoria recente, baseada nos mais de quarenta diagnósticos conduzidos por mim e pela minha equipe. O conjunto de indicadores analisados permite à metodologia avaliar se o processo de comunicação interna é efetivo ou não.

Assim, o índice *efetividade da comunicação interna* (ECI) é calculado a partir de um olhar sobre o efeito de correlação dos indicadores de atributos mensuráveis em uma condição real. E ocorre através da seguinte fórmula:

$$ECI = \frac{f(\text{simetria} + \text{credibilidade})}{\text{retenção}}$$

ECI por segmento de mercado:

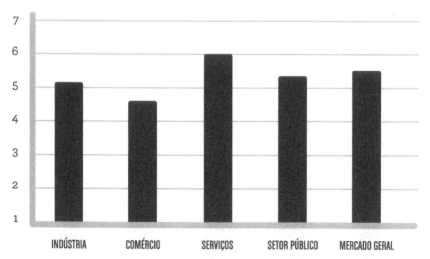

RESUMO DO CAPÍTULO

ENDOMARKETING + ESTRATÉGIA = RECEITA DO BOLO

• Endomarketing faz a transposição e a adequação da estratégia de dentro para fora da empresa, evidenciada no comportamento do colaborador.

• O cliente está em segundo lugar. Antes, estão os colaboradores da empresa. Aquilo que eu quero transmitir ao cliente deve ser transmitido antes ao colaborador.

• Pare de "dar" e comece a "vender" aquilo que a empresa proporciona aos colaboradores. O preço da empresa é o desempenho do colaborador; logo, quanto mais "cara" a empresa for ao colaborador, maior e melhor será seu desempenho.

• O primeiro produto de qualquer empresa são as oportunidades de emprego e trabalho proporcionadas às pessoas. Você deve dedicar especial atenção a esse "produto" com prioridade sobre os demais.

• A empresa deve comunicar aquilo que faz, mas antes deve fazer o que comunica.

• Credibilidade, simetria e retenção são fatores relacionados à efetividade da comunicação interna. A efetividade da comunicação interna é uma função de sua credibilidade pela simetria sobre a retenção.

GRUPOS E EQUIPES

SE EM GRUPO É DIFÍCIL, SOZINHO É MUITO PIOR

Nem sempre é fácil trabalhar em equipe. E fica ainda mais difícil quando não há integração suficiente ou exercício efetivo de visão sistêmica na empresa. Uma das soluções é fazer os colaboradores pensarem em ações para os próprios colaboradores.

Carência de integração sistêmica: no ambiente corporativo, existe uma tendência natural ao individualismo dos colaboradores em seus núcleos básicos. Ou seja, sentem-se confortáveis em sua unidade, em sua "célula", mas mantêm um distanciamento de outras áreas da corporação. Essa tendência se fortalece devido a indicadores de desempenho excessivamente focados na área ao invés de em resultados coletivos.

FOCO NA INTEGRAÇÃO

Minha filosofia é que **as pessoas precisam gostar de trabalhar juntas antes, necessariamente, de gostarem umas das outras**. Esse segundo "gostar" deve ser considerado um bônus, um extra. Ele naturalmente acontecerá se a empresa se preocupar com o primeiro movimento.

A integração é importante e o endomarketing tem o papel de fomentar isso nos relacionamentos de trabalho. A integração não precisa direcionar todos os esforços das equipes, seu objetivo é criar condições ideais para que as pessoas, juntas, se complementem enquanto grupo e harmonizem as suas competências para um objetivo comum.

Esse movimento não acontece a partir de campanhas de propaganda interna – nem perca tempo. As campanhas podem ajudar a celeridade desse processo se houver um movimento corporativo de diálogo sistêmico promovido pelo exemplo pessoal da alta gestão.

Não raro são identificadas empresas cujos gestores, por não compreenderem a estratégia da empresa, orientam equivocadamente seus colaboradores e, com isso, produzem frustração e retrabalho.

ACABE COM A NOSTALGIA

Até mesmo os funcionários mais novos da empresa sentem saudade dos velhos tempos que nunca viveram. É outra tendência natural que os grupos e as equipes sintam saudade do passado. E o motivo pelo qual isso acontece é bem simples: essa é uma forma do colaborador se proteger do sofrimento provocado pela pressão do dia a dia da empresa que existe no presente.

"Hoje em dia está difícil"; "Antes é que era melhor"; "As pessoas nem se conhecem mais". Você já deve ter ouvido frases assim no cafezinho ou, até mesmo, tê-las pronunciado. Esse discurso não pode se cristalizar na empresa, pois corre o risco de se tornar um problema irreversível. Acompanhei esse processo em uma empresa de tecnologia que tem inserção global.

A verdade é que pode existir uma celebração ao passado. Ele é a história da empresa e o caminho de suas conquistas. Mas é necessário intensificar o foco no futuro, ampliar e direcionar a visão do colaborador para tudo que ainda vai acontecer.

O passado foi bom? Diga que o futuro será melhor ainda. Ancore sua gestão no futuro, nunca no passado.

Um tempo atrás, me perguntaram em uma entrevista qual seria o futuro do endomarketing. **A resposta: o futuro do endomarketing é o endomarketing do futuro.**

DE COLABORADOR PARA COLABORADOR

Uma possibilidade muito interessante de executar um endomarketing estratégico está relacionada com o desenvolvimento do paradigma "de colaborador para colaborador". Vivenciei isso ao atender uma confederação cooperativa.

A empresa possuía 250 colaboradores. O programa estava estruturado a partir de um comitê gestor de endomarketing. A primeira observação que deve ser ressaltada é: raramente esses comitês funcionam de maneira efetiva. No caso da cooperativa, funcionava, pois a cooperação era a essência de sua cultura e um dos atributos da marca. Além disso, o comitê possuía poder de decisão sobre o orçamento.

O objetivo proposto foi ter um grupo de colaboradores, multiplicadores de comunicação interna, que atuassem na construção e execução das iniciativas da empresa. O comitê tinha representantes de diferentes áreas. Com essas características, esses comitês funcionam melhor em empresas de médio e pequeno porte ou em unidades menores de grandes empresas – desde que interconectadas. As empresas em geral têm muito a aprender com as cooperativas.

Quanto mais a gestão do endomarketing for executada em parceria com o colaborador, mais efetiva ela será.

USE RIVOTRIL

Muitas vezes, o diagnóstico é certeiro: ansiedade, ou "a mardita", como tenho chamado. Esse é um dos dados apontados pelo Relatório Brasil. O excesso de ansiedade é um problema recorrente que atrapalha a comunicação entre os grupos e entre as pessoas.

Sintetizei a explicação em um gráfico a partir do vértice produtividade x pressão. Quando uma empresa exerce pressão para que os funcionários produzam, o índice de produtividade cresce até atingir o seu ponto máximo, mas, inevitavelmente, decai. O excesso de pressão não mantém a produtividade em alta. E muitas empresas onde realizei diagnósticos estão alguns pontos depois do ápice, onde a produtividade diminui e isso é difícil de ser percebido. A solução é encontrar uma zona segura, onde a pressão da empresa seja suficiente para garantir que a produtividade não entre em declínio ao gerar ansiedade no colaborador.

As empresas acabam fazendo reuniões e mais reuniões e chegam sempre a uma conclusão similar: "Temos um problema de comunicação" – como se fosse um fator externo ao grupo. No entanto, a verdade é que, raramente, a comunicação é o problema. Fatores como a ansiedade e o estresse, além de problemas anteriormente citados, prejudicam o contexto produtivo e comprometem a comunicação.

Isso acaba produzindo consequências maiores, como a incapacidade ou a dificuldade do colaborador inovar. Resolva a equação produtividade x pressão e minimize a ansiedade na empresa, obtendo melhores resultados hoje e no longo prazo, pois, se a cobrança estiver focada apenas no hoje e no agora, a entrega será feita somente nesse período.

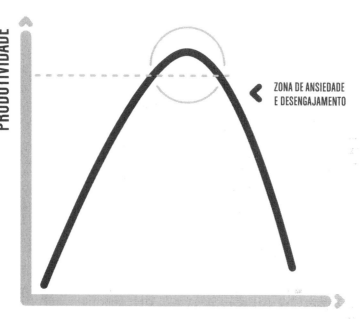

VISÃO SISTÊMICA É UM DIFERENCIAL COMPETITIVO

Um dado recorrente nos diagnósticos de comunicação interna das empresas é o quanto as pessoas se agrupam nos seus feudos e conhecem apenas as atividades dos colegas mais próximos, mas desconhecem por completo as atividades de outros setores. Esse pode ser um dos efeitos colaterais gerados pela gestão por indicadores e um resquício do modelo burocrático.

Cada colaborador quer atingir as suas metas e objetivos, mesmo que isso, de alguma forma, prejudique outros setores. Por exemplo: o setor de compras atinge as metas de economia no mês negociando a compra de correias de borracha importadas. Ponto para eles. Só que, como a decisão não foi tomada em parceria com a manufatura, as correias rompem com mais frequência, gerando mais setups e atrasando a produção na fábrica, assim afetando diretamente as metas de produção da organização como um todo.

Estar concentrado somente em suas tarefas ou no seu próprio setor isola as equipes e compromete a comunicação entre as pessoas. A troca de informações passa a ser protocolar e formal e o uso de e-mails é excessivo. Não seria mais fácil pegar o telefone, discar o ramal e discutir diretamente a solução de um problema? Ou sair detrás da mesa e conversar frente a frente? A falta de visão sistêmica afeta os diálogos dentro da empresa, produzindo uma comunicação deficitária.

Nas empresas onde faço os diagnósticos, o indicador de simetria da comunicação é sempre um dos principais itens investigados. A empresa é como um ecossistema: todos devem executar o seu papel e se comunicar para se desenvolver. Se a empresa não transacionar a informação com responsabilidade, entendendo que ela pode ocasionar efeitos em diferentes áreas e setores, vai ter prejuízo na sua operação. Por isso, a simetria, enquanto indicador de visão sistêmica, pode ser considerado um diferencial competitivo. A empresa que tiver uma visão sistêmica acima da média vai se destacar e ser mais competitiva que seus concorrentes.

> A principal consequência da falta de visão sistêmica é o retrabalho. A principal vítima é o cliente. Nas empresas onde atuo, os índices de simetria geralmente são baixos em segmentos diferentes do mercado.
>
> Comércio: 50%
> Indústria: 51%
> Setor público: 53%
> Serviços: 56%

RESUMO DO CAPÍTULO

ESFORÇOS CONJUNTOS, RESULTADOS MELHORES

• Para melhorar a comunicação, melhore a integração sistêmica entre setores e equipes. A baixa integração é causa – e não consequência – da falta de comunicação interna.

• Faça ampla comunicação do futuro e elimine a nostalgia.

• Se endomarketing não é o marketing para dentro da empresa, e sim para dentro dos colaboradores, então faça sua gestão em parceria com eles.

• Controle a ansiedade, e a comunicação interna fluirá melhor, fazendo a empresa mais produtiva, rentável e prazerosa para se trabalhar.

• A falta de visão sistêmica prejudica a comunicação dentro da empresa; portanto, inclua o diálogo sistêmico na sua pauta.

5

GESTORES

OU OS LÍDERES MUDAM OU MUDAM OS LÍDERES

Existe uma redundância comum a quase todos os diagnósticos de comunicação que conduzi: o grande problema das empresas não está nas práticas de endomarketing ou nos seus canais. As crises surgem a partir do desempenho das lideranças e do quanto elas exercem o papel de comunicadores nas empresas. A mudança sempre começa pelos líderes.

Os gestores esqueceram que trabalham para suas equipes, e não para seus chefes. A cadeia de comando precisa voltar ao fluxo correto.

USE RIVOTRIL (PARTE 2)

O primeiro desafio de um líder é aprender a controlar a ansiedade. Analisando ambientes corporativos e o comportamento das pessoas, fica evidente o quanto todos querem executar tudo "para ontem", mesmo com recursos escassos. As metas, o ritmo, as cobranças – tudo acaba gerando um coeficiente de produtividade alterado. É a ansiedade que prejudica esse quadro.

A produtividade fica decrescente quando os colaboradores precisam enfrentar uma carga e um volume de trabalho superior ao que seria o usual (e necessário). Com muitas demandas, a consequência é que a comunicação cessa: as pessoas não param mais para se comunicar ou planejar, apenas "saem fazendo".

Por esse motivo, uma prescrição é essencial, ou seja, o nosso calmante do endomarketing: faça planejamento de comunicação. Somente isso vai evitar que se perca tempo na execução ou com retrabalho. Comunicação é vital. É preciso que os gestores saiam de trás das mesas, se encaminhem para onde as coisas acontecem, falem e ouçam as pessoas. É em campo que se pode ver o que funciona e o que não funciona na empresa.

O conceito de flow surgiu na década de 90, desenvolvido por Mihaly Csikszentmihaly. Ele propôs uma nova abordagem da ideia de motivação, responsabilizando o indivíduo por sua aplicação no desempenho de suas funções. Flow é um "estado de espírito extraordinário" que ocorre quando toda a capacidade criativa do colaborador é usada na tarefa partindo de um desafio.

COMO DIZIA O CHACRINHA, QUEM NÃO SE COMUNICA...

Existe uma incompetência generalizada em comunicabilidade. Alguns atributos relacionados a isso são inatos, mas outros podem ser aprendidos. Um fato é incontestável: o resultado da comunicação direta (face a face) é mensurável.

A competência de comunicabilidade é formada por seis vetores e habilidades que a pessoa deve desenvolver. São eles: escuta, orientação, formação, estímulo, feedback e confiabilidade.

O ponto mais fraco dos gestores brasileiros no que se refere à comunicação direta é a sua incapacidade de avaliar o desempenho de suas equipes e transmitir a elas as suas impressões. A dificuldade de feedback é disparado o pior indicador dos líderes na visão dos colaboradores.

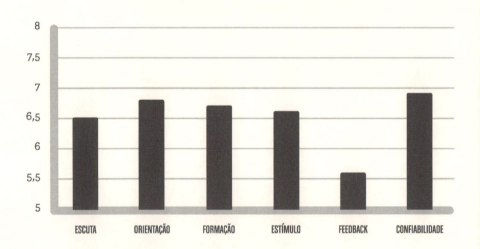

Na avaliação dos colaboradores, a confiabilidade dos gestores é um índice que ganha a nota mais alta. Mas, ao mesmo tempo, o feedback recebe a mais baixa.

ADMINISTRE MELHOR O TEMPO

Os números comprovam: de 40% a 50% do tempo dos gestores é gasto em reuniões. Dessas reuniões, cerca de metade é classificada por eles como "improdutiva". O adjetivo tem vários significados: é improdutivo o que começa com atraso, termina fora do horário, falta com objetividade ou dura mais do que o necessário. Além da grande parcela de tempo gasta em reuniões, os gestores levam de 20% a 35% do seu tempo lendo e respondendo e-mails. E ainda de 20% a 30% cuidando de retrabalho, o famoso trabalho zumbi (que deveria estar morto e enterrado, mas acaba voltando). **No rescaldo, de 5% a 10% é o tempo que sobra para fazer gestão de pessoas (que é o trabalho do líder).** Existem, definitivamente, formas mais adequadas de administrar o tempo.

Uma das sugestões é dividir o tempo em quatro partes: reuniões, e-mails (ou qualquer trabalho eletrônico de você com você mesmo), pessoas e estratégia/inovação. Cada uma delas ficaria com 25% do tempo e, no fim das contas, representaria mais eficiência e menos gastos para a empresa.

Os gestores gastam 40% do seu tempo em reuniões, quase sempre improdutivas. Por esse motivo, é importante lembrar: a reunião não é um canal de comunicação. Ela deve ser usada como ferramenta de trabalho ou fórum para tomada de decisão e ter seu tempo otimizado.

COMO OS GESTORES ORGANIZAM O SEU TEMPO

SOBRE REUNIÕES: PARE DE PERDER TEMPO

Há cerca de três anos, a pedido de um cliente, desenvolvi um programa de treinamento para planejamento e condução de reuniões efetivas, o qual venho ministrando aos gestores de diversas empresas desde então.

O primeiro exercício é mensurar o tempo consumido em reuniões e, em seguida, identificar o tempo desperdiçado desse total. Os números são impressionantes: no mínimo 40% do tempo fica alocado para reuniões; em média, 62%. Pior, acreditam que metade desse tempo é desperdiçado, perdido. Falamos de números muito expressivos e onerosos, pois a empresa remunera muito bem esses profissionais. Pelas minhas contas, isso custa cerca de 75 mil reais anuais por gerente, com base no salário médio brasileiro desse nível.

Técnicas para reuniões valeria outro livro, mas uma orientação básica: crie, na sua empresa, junto com seus gestores, um estatuto básico para reuniões. Elas representam uma perda considerável de tempo, energia e dinheiro. Por isso, é preciso fazer alguma coisa. Pode ser algo simples como "os dez mandamentos para reuniões na empresa X".

Abaixo, algumas das regras que frequentemente são estipuladas nas oficinas que conduzo com essa finalidade (mudei apenas um pouco, para agregar dramaticidade, mas preservando a mensagem):

• Nenhuma reunião dura mais que uma hora e meia, nem começa depois das dezessete horas, ou, se for no horário de almoço, nem faça o convite.

• Envie um convite detalhado, mas objetivo, que deixe claro por que será feita a reunião, mas antes reflita se não pode haver um jeito mais fácil de resolver o problema, que possivelmente está sob sua responsabilidade.

• Toda reunião tem pauta e ata. O que não entrou na pauta antes não é discutido durante. O que for posto na ata será discutido depois.

• Não há tolerância de tempo. As reuniões começam e terminam nos horários previamente confirmados. Atrasou, perdeu, playboy.

• Peça desculpas se você se atrasou, mas não explique o motivo, você irá desperdiçar ainda mais o tempo. Aguente sua vergonha em silêncio.

• Se quer pessoas preparadas para sua reunião, envie materiais informativos para leitura prévia. Se não quer ficar boiando, leia o que lhe for enviado.

• Participe do diálogo e olhe nos olhos dos outros, não para o notebook, o tablet ou o celular. Aliás, seu uso não é permitido durante as reuniões, lembra?

• Só saia da reunião se Deus estiver ligando, e é melhor que Ele tenha um motivo muito bom para ter interrompido.

• Se você for Deus e estiver ligando para interromper uma reunião, lembre-se de que estas regras valem para toda a hierarquia.

TRABALHE E TRABALHE MUITO,
MAS NÃO SE ESQUEÇA DE PLANEJAR ANTES

A palavra alinhamento é um perigo constante. Todo mundo fala e aplica essa palavra no cotidiano corporativo. Mas poucos pensam na sua representação real. Um amigo engenheiro sempre me diz o seguinte: quando duas linhas paralelas se alinham, elas acabam nunca se encontrando no final. Pense bem: isso faz muito sentido dentro de uma empresa.

Nas empresas onde atuo, converso com profissionais com mais de vinte anos de trabalho e sempre pergunto sobre as tais reuniões de alinhamento. A resposta deles é a mesma: "Não fazíamos reuniões de alinhamento há vinte anos. Não precisávamos, era tudo muito mais claro".

Existe um motivo para isso. A comunicação, algumas décadas atrás, era mais direta. O planejamento e a execução tinham uma objetividade muito maior.

Hoje em dia, as pessoas acreditam que a tecnologia pode substituir as conversas, "terceirizam" a comunicação para os meios. O resultado é a necessidade permanente de "promover o alinhamento" entre os colaboradores. Não adianta: certas coisas precisam ser combinadas antes. E, se essas combinações ocorrerem de forma pessoal e presencial, o resultado será mais dinâmico e eficiente.

Não raro a percepção dos colaboradores sobre o que se passa na empresa, seus objetivos, metas e direcionadores estratégicos, difere da percepção do cliente externo e também daquilo que os executivos da organização acreditam estar transmitindo a esse público interno.

A PIRÂMIDE HIERÁRQUICA NA POSIÇÃO CERTA

O contexto atual de ansiedade e falta de visão sistêmica provoca nos líderes um sintoma comum: eles acabam esquecendo que trabalham para a sua equipe e não o contrário.

Um líder deve sempre trabalhar para a sua equipe. **Mas, na maioria dos casos, eles estão invertendo esse valor e trabalhando basicamente para o chefe.** O resultado é uma dedicação desproporcional para atender as demandas do chefe, deixando outras necessidades em segundo plano e, por consequência, passando menos tempo com a própria equipe.

A estratégia de uma empresa não acontece no escritório. Em uma indústria de laticínios, ela está no campo junto à vaca. Em uma construtora, ela está no alicerce do edifício. No hospital, ela está na veia do paciente.

Por esse motivo, concentrar grande parte do trabalho com o chefe no escritório é errado. Se o gestor se comunicar melhor com a sua equipe, terá menos retrabalho e não precisará de alinhamento. Dessa forma, os ganhos podem melhorar.

A pesquisa de comunicação interna visa facilitar esse alinhamento. Em muitos casos, os líderes e gestores identificam empiricamente os pontos divergentes, e o diagnóstico é fundamental para materializar essas percepções.

COMUNICAÇÃO QUE GERA ENGAJAMENTO

Pelo tipo de solidão que o colaborador tem, muitas vezes, no ambiente de trabalho, a comunicação que o gestor não faz para a sua equipe compromete (e muito) o "engajômetro".

Certa ocasião, me deparei com uma coordenadora de setor de uma empresa que estava, há três meses, sem gestor. Ela respondia diretamente a um diretor e, mesmo assim, estava insatisfeita. A falta da presença física de um gestor ainda a incomodava. Isso não ocasionou problemas para o andamento da rotina e dos processos, mas incomodava a colaboradora. Tentei abrir seus olhos: estava indo bem, reportando ao diretor e fazendo um bom trabalho; por esse motivo, ele não se ocupava dela. Um feedback mais concreto estava faltando, mas ela deveria encarar a situação como uma oportunidade de crescimento.

É preciso dedicar um tempo para que a equipe sinta a presença do gestor e se torne engajada. **Ao mesmo tempo, é necessário estar atento e passar o feedback aos colaboradores. Quando ele falta, o desengajamento surge.**

Essa oscilação do "engajômetro" é uma das principais consequências que a falta de comunicação direta do líder pode provocar. Por sua vez, a falta de engajamento, como já vimos antes, traz muitas outras consequências e problemas. Por exemplo, o colaborador desenvolve algo novo e espera o elogio ou o reconhecimento; se isso não vem, o nível de engajamento irá cair. Como gestor, esteja atento a essas questões e seja mais comunicativo!

ATENÇÃO, O COLABORADOR VAI FALAR!

Este tópico foi inspirado na presidente da Masisa, Marise Barroso. A citação é dela: "Comunicação é uma atitude". E é uma atitude que produz resultado.

Um gestor preocupado com resultados nunca pode negligenciar a importância da comunicação dele com a sua equipe. Para exemplificar, trago uma situação prática. O colaborador chega para conversar com o gestor. Sem tirar os olhos da tela do computador, ele responde: "Vai falando que estou ouvindo".

A atitude está passando uma única mensagem: o que o colaborador tinha a dizer não parece ser tão importante para que ele largue o que estava fazendo. Não caia nessa armadilha.

Chegar a uma reunião e ficar consultando o smartphone ou levantar no meio do debate e ir embora são atitudes que passam uma mensagem ruim. Preocupe-se em ter atitudes comunicantes. **Se a comunicação é uma atitude, a atitude também é uma comunicação.** Seja coerente e trate todos da equipe da mesma forma, com atenção e interesse.

Os colaboradores devem ser convidados a se envolverem na comunicação interna, deixando claro seu papel no processo e, sempre que possível, agregando sua legitimidade aos projetos (como "garotos-propaganda", por exemplo).

RESUMO DO CAPÍTULO

AS DEZ REGRAS DE OURO DA COMUNICAÇÃO DIRETA
PARA GESTORES

• A verdadeira mudança na comunicação interna sempre começa pelos líderes.

• O primeiro grande desafio é aprender a controlar a ansiedade. A produtividade fica decrescente quando os colaboradores precisam enfrentar pressão e volume de trabalho superior ao necessário.

• Desenvolva a competência em comunicabilidade. O ponto mais fraco dos gestores brasileiros se refere à comunicação direta.

• Aprenda a dar feedback. O colaborador gosta de ter o seu trabalho avaliado.

• Administre melhor o seu tempo. A reunião deve ser usada como ferramenta de trabalho e fórum para a tomada de decisão.

• Faça comunicação direta antes para não precisar alinhar depois. Não "terceirize" a comunicação para os meios.

• Os gestores esquecem que trabalham para suas equipes e não para seus chefes.

• Passe mais tempo com a sua equipe e dedique-se mais às demandas dela. Quando a comunicação direta falta, o desengajamento surge.

• Nunca negligencie a comunicação direta com a sua equipe.

• Tenha atitudes comunicantes e trate todos da equipe da mesma forma, com atenção e interesse.

ENDOMARKETING NAS EMPRESAS

COMO PLANEJAR E CONSOLIDAR A ÁREA

O planejamento de endomarketing de uma empresa vai muito além da criação de um cronograma de atividades. Antes de tudo, é preciso estruturar a área de endomarketing, consolidando-a como setor estratégico e como produto voltado aos colaboradores. Ou seja, antes de planejar o que vai fazer, planeje como vai se organizar.

O QUE É?

Para saber o que é uma área de endomarketing, é preciso focar no primeiro atributo de personalidade que a área necessita ter. E essa característica é saber ouvir. Ou seja, antes de instalar uma "faladoria", é preciso estruturar uma "ouvidoria".

Não estou falando de um setor de ouvidoria. Estou explicando que é preciso ouvir o colaborador. Ao longo dos anos, as áreas de comunicação interna das empresas se especializaram em "falar" ao colaborador. Assim, entregam muita informação e acabam coletando muito pouco.

Assim como quem escreve bem é porque lê bastante, para uma área de comunicação interna falar bem ao colaborador, ela precisa, antes, ouvir muito.

"DEUS NÃO FAZ BANNER, E COMUNICAÇÃO INTERNA NÃO FAZ MILAGRE"

Essa frase é de autoria de minha amiga Aglaê Gonçalves, profissional de comunicação interna, e resume muito a situação enfrentada pelas áreas de endomarketing das empresas.

Pense comigo: toda empresa possui processos internos financeiros, administrativos e de pessoal. Um pagamento, por exemplo, precisa ser encaminhado via nota fiscal, que é carimbada e validada por diferentes setores até a efetivação do depósito bancário ao fornecedor.

Já nas áreas de comunicação interna, não costuma haver políticas ou regras. Em muitas empresas, o processo parece ser bater à porta do setor e pedir coisas (peças gráficas, e-mails marketing, eventos e, principalmente, os famigerados e nada eficientes brindes de todos os tipos e cores... para dar "sustância" à campanha).

É imprescindível que a área de endomarketing se organize e tenha processos, políticas e orçamento. Assim, irá existir de forma concreta e oficial. Caso contrário, a área não é efetiva e pode ser totalmente terceirizada.

No fim das contas, é preciso saber que **soluções de comunicação resolvem apenas problemas de comunicação.** Se existem problemas de gestão, como a ansiedade dos gestores, eles precisam ser resolvidos com soluções de gestão.

ESPECIALISTA EM DIÁLOGO

Um dos exemplos mais bem-sucedidos de comunicação interna que tive contato fazia, sem uma área de endomarketing e de forma primorosa, a comunicação entre todos os setores da empresa. A responsável pela tarefa era a chamada *comissão de integração*, que cuidava essencialmente da intersecção de processos entre os setores.

A área de endomarketing também deve estar preocupada, de forma permanente, com as interconexões entre todos os setores e equipes. Uma das possibilidades para atingir esse objetivo é criar uma *gerência de comunicação interna, integração e visão sistêmica*. Assim, a área pode tornar-se uma especialista em processo e diálogo.

Relembrando: um organograma mostra quem é chefe de quem na empresa, mas isso não deve ser confundido com como a empresa funciona.

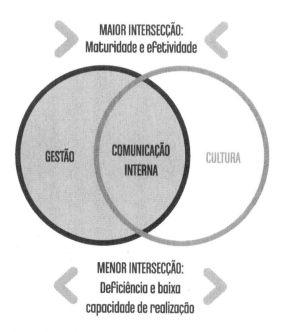

Este gráfico traduz o que eu penso sobre o papel da comunicação interna nas organizações. Esta é uma outra forma de ver a comunicação interna: não como uma derivação da comunicação institucional, mas como um elemento de conexão. Ela conecta os fatores objetivos e subjetivos das relações de trabalho na empresa: sua gestão e a sua cultura.

ASSUMA UMA POSIÇÃO: FAÇA SENTIDO, MAS FAÇA SENTIR!

Se a empresa possui um posicionamento de marketing, ela precisa de um posicionamento de endomarketing. Simples assim. E a campanha de comunicação do posicionamento interno é mais importante que todas as outras. Ela deve determinar uma orientação básica para tudo que você faça, de maneira a pautar todas as iniciativas de endomarketing e comunicação interna.

Um posicionamento interno vai reunir basicamente elementos de "identidade e cultura" a "estratégia e gestão", de forma simples e orientadora. Lembre-se do espaço de intersecção que a comunicação interna ocupa entre cultura e gestão. O objetivo é esse: a comunicação interna unifica suas mensagens, conteúdos e iniciativas a partir do posicionamento interno, que, em termos conceituais, pode ser descrito como um enunciado que propõe um **sonho/desejo** ao colaborador e, ao mesmo tempo, também **sintetiza** com clareza e objetividade as características do ambiente interno da empresa, suas pretensões estratégicas e, principalmente, as bases e os valores do relacionamento que visa estabelecer com seus colaboradores.

Porém, ele representa mais que isso. Ele traz resposta às perguntas sobre identidade: quem somos, por que fazemos o que fazemos... E também sobre estratégia: como fazemos, para quem fazemos. É um posicionamento claro, simples e emocional que faz com que a comunicação interna, simultaneamente, faça sentido e faça sentir. Ao resolver de forma criativa essa equação, você resolve todas as demais.

AJA ESTRATEGICAMENTE

Um dos maiores anseios dos profissionais das áreas de comunicação interna é serem percebidos como estratégicos dentro das empresas. O problema é que eles agem de modo contrário, atuando de forma absolutamente operacional.

Essa situação pode ser atenuada em empresas que implantem processos e políticas específicas para o setor de endomarketing, como vimos anteriormente, além de negociar o papel do endomarketing e da comunicação interna com a alta gestão.

No entanto, para atingir o status de estratégica, é preciso agir estrategicamente. Por exemplo:

• Ter projetos próprios da área e não atender apenas demandas de outras áreas.

• Responsabilizar-se pela formação dos líderes em comunicação direta, face a face (FAF).

• Antecipar informações aos líderes.

• Preocupar-se menos com o leiaute e mais com o conteúdo da comunicação interna.

• Não fazer endomarketing apenas em datas comemorativas.

• Estruturar-se para ouvir, sendo "especialista no colaborador".

SEJA ÁGIL

Fortaleça as vias oficiais e antecipe as informações aos líderes sempre.

Não tenha ilusões. Se a versão interna e oficial das notícias e novidades sobre a empresa não chegar a tempo, as versões extraoficiais da "rádio peão" irão ocupar o espaço vago.

Muitas informações circulam pelos corredores antes da sua confirmação. E a comunicação é como água. É possível desviar ou represar o rio, mas a água sempre vai para algum lugar.

Em casos extremos, como um acidente de trabalho, por exemplo: o colaborador prensou o dedo em uma máquina e está machucado. No mesmo dia, à tarde, o sindicato já estará na empresa, levando panfletos, que divulgam dados de maneira desfavorável para justificar seus pleitos e não os do acidentado. Isso é agilidade. Já a maioria das empresas acaba se manifestando dias ou uma semana depois.

A área de comunicação interna deve evitar que a credibilidade da empresa fique abalada. É preciso aproveitar o contexto de cada situação e ter dinamismo e velocidade ao entrar em contato com os colaboradores.

PENSE GRANDE, MAS MIRE BAIXO

Os livros de aventura já ensinavam: mire baixo. Se mirar alto, o mosquete, tentando atingir a cabeça do inimigo, correrá sério risco de errar o alvo. Ao mirar baixo, pode atingir, no mínimo, um joelho. A analogia é exagerada, pois ninguém quer matar ninguém, mas traz algo que é importante nas empresas: se é difícil garantir precisão no tiro, pelo menos acerte alguma coisa.

Antes de fazer as pessoas felizes no trabalho, é preciso tentar eliminar os motivos que as fazem infelizes. Por exemplo: retrabalho, omissões dos colegas, distanciamento do gestor, demoras, problemas em geral na rotina da empresa – obviamente, geradores de deficiência na comunicação. Tudo isso pode produzir um nível absurdo de ansiedade e estresse.

Comece atacando as causas da ansiedade, do estresse e do retrabalho. Mirando baixo, o primeiro foco será atingido de uma forma ou de outra – a única variável é o tempo que isso vai levar. Os problemas usuais existentes na empresa foram minimizados? Então, talvez seja a hora de uma campanha de qualidade de vida para estimular a prática de exercícios físicos, por exemplo. Antes disso, qualquer tentativa pode ser inviável.

Toda empresa tem problemas. Eles são bem parecidos e mais evidentes no dia a dia das pessoas. Por esse motivo, acabam ganhando uma dimensão maior do que as coisas bacanas que são feitas pelas empresas. Foque nisso. Mire baixo e acerte o alvo: comece se preocupando com o dia a dia das pessoas. Corrigir esses problemas é, certamente, um diferencial competitivo das empresas.

SEJA NOTÍCIA BOA OU RUIM, COMUNIQUE

Tem algo que o endomarketing de uma empresa deve ter sempre em mente: faça um grande esforço para divulgar as boas notícias, e triplique esse esforço para divulgar as ruins.

No entanto, essa confusão é algo bem mais comum do que se imagina. Um caso real, promovido pelo presidente de uma empresa: ele fez festa com balão e refrigerante no pátio da empresa para comemorar a conquista de uma remuneração extra de mais de três salários no PPR. Foi uma comemoração e tanto. No entanto, no ano seguinte, a mesma remuneração do PPR ficou em meio salário, e nada foi feito. Sem anúncio oficial. Somente um cartaz afixado no mural.

Isso está errado. Claro que não vão se colocar balões ou decoração para avisar sobre uma redução de remuneração. Mas o ideal é reunir todo mundo e contar a notícia do mesmo jeito, seja ela boa ou ruim. O processo precisa sempre ser o mesmo, ainda que o clima e o tom sejam diferentes.

O importante é ser transparente. As fórmulas que valem para a comunicação e a propaganda com o cliente não se aplicam, na maioria das vezes, aos colaboradores. O cliente se relaciona com a empresa de uma maneira superficial, com a projeção da marca. Já o colaborador se relaciona com a realidade da marca e conhece todos os aspectos bons e (principalmente) ruins da empresa. Por esse motivo, é o público mais difícil de se direcionar e acertar a comunicação.

O QUE A ÁREA FAZ

O endomarketing possui três grandes blocos de atividades e zonas de interesse, que são as três "ondas" históricas do setor. São elas:

• Promoção do relacionamento empresa-colaborador.

• Disseminação de estratégia de negócios e identidade corporativa.

• Esforço para a efetividade sistêmica e do trabalho propriamente dito!

Inicialmente vinculada ao setor de recursos humanos, a primeira onda do endomarketing nasceu pautada para cuidar do relacionamento da empresa com os seus colaboradores, especialmente para divulgar benefícios oferecidos. Isso era o importante no fim dos anos 80 e início dos 90. Somente no início da década passada mudou para uma função mais estratégica. Então, houve uma migração natural para a área de marketing, originando a segunda onda.

Agora, uma nova tendência está sendo apontada: o endomarketing está focado na efetividade e na visão sistêmica do trabalho, como mostra o gráfico abaixo. A relação do colaborador se dá com o trabalho, que também se reflete na sua relação com a empresa e com o cliente. A comunicação interna está deixando de ser só propaganda e canal e passando a ser um indutor/promotor/facilitador dos diálogos sistêmicos, pois não há programa de endomarketing bom o bastante para compensar as deficiências de gestão da empresa.

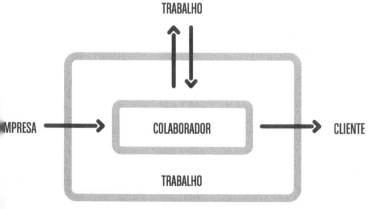

ATUANDO NA CADEIA DE VALOR

Privilegiando a visão sistêmica, o endomarketing é um processo que promove e interconexão de setores e passa a agir na cadeia de valor da empresa. Ainda atua no comportamental, mas isso é maior do que a integração em si. As pessoas precisam gostar de trabalhar juntas. E as ferramentas necessárias para atingir essa meta vêm da comunicação social.

Em termos de atividade da área, existe uma palavra-chave: pragmatismo. Inspirado em Che Guevara, digo: é preciso endurecer, mas sem perder jamais a ternura. O **endomarketing efetivo é, antes de mais nada, afetivo.** Esse é o quarto princípio do endomarketing.

Ao mesmo tempo, é preciso estar atento à matriz de comunicação. Há uma forma adequada para cada comunicado que se faz necessário. Por exemplo: a empresa quer comunicar que o sistema de folha de pagamento será alterado e acaba fazendo uma campanha. Não precisa: isso é um simples comunicado, preferencialmente enviado e assinado pelo gestor de recursos humanos.

A matriz de comunicação interna prevê todo tipo de conteúdo possível e como a empresa se utiliza dele. É preciso qualificar a demanda para atingir os objetivos sem prejudicar o processo.

TIPO DE INFORMAÇÃO	ABORDAGEM	EMISSOR	RECEPTOR	CANAL FOCO	CANAL DE APOIO
Fatos e notícias sobre a empresa	Jornalismo	Comunicação interna	Todos	Boletim	E-mail + mural
Realizações relevantes e resultados da empresa	Jornalismo	Comunicação interna	Todos	Jornal	News gestores
Reconhecimento das pessoas e serviços ao colaborador	Jornalismo	Comunicação interna	Todos	Boletim	E-mail + mural

A tabela acima mostra uma ideia básica de como uma matriz de comunicação pode ser feita, apenas com alguns tópicos, pois deve ser feito um mapeamento completo dos "tipos de informação". O objetivo é que as pautas e conteúdos atinjam de forma mais eficiente os colaboradores, além de proporcionar à área de comunicação interna uma gestão mais efetiva de suas atividades e responsabilidades.

SUJE AS MÃOS

O profissional de comunicação interna de uma empresa não pode ficar preso no escritório. Ele deve estar onde o seu público está. Para isso, deve passar, no mínimo, metade do seu dia de trabalho longe da mesa e junto dos colaboradores. É lá que as coisas acontecem.

Além disso, deve ir mais longe e saber como as coisas funcionam. Para se comunicar, por exemplo, com um ordenhador, é preciso saber (ou experimentar) ordenhar a vaca. Dessa forma, ficará mais fácil conhecer as pressões que esse colaborador vive no dia a dia.

AFIE O MACHADO

A comunicação interna precisa estar sempre afiada e pronta. E isso me lembrou a história do lenhador experiente e do novato. O novato começou a trabalhar no corte de árvores. Era viril e forte e, rapidamente, notou que cortava a árvore com mais velocidade do que o lenhador velho. E o desafiou: queria ver quem cortaria mais. Ao fim do dia, a pilha do lenhador velho era muito maior. O mais novo perguntou, afinal, qual era o segredo. "Simples! Ao final do corte de cada árvore, eu afio o meu machado", disse o mais velho.

Com o endomarketing, é assim: para cada coisa feita, é preciso parar e avaliar para melhorar da próxima vez. A campanha foi divulgada e está sensacional. Mas o que o motorista da empresa entendeu? É preciso ter essa informação para estar afiado na comunicação interna e, sempre que possível, medir antes e depois de cada campanha.

MOMENTO DE CONTATO

Este é um conceito que muitas empresas onde faço diagnósticos não se dão conta: os colaboradores não estão no trabalho para se manter bem informados. O objetivo principal deles é trabalhar para gerar resultado. Então, a comunicação interna será consumida por eles na melhor hora, quando aquilo for bom e adequado para eles, e não no horário determinado pela área de endomarketing ou de recursos humanos. Não ache que enviar o e-mail ou pôr o cartaz no mural signifique que as pessoas receberam a informação.

Os números não podem ser contestados. **As pessoas dedicam para a comunicação interna apenas de dois a quatro minutos por dia.** E, muitas vezes, isso só acontece em boas condições meteorológicas e com os astros alinhados. Brincadeiras à parte, isso quer dizer que é preciso estar presente na hora que o colaborador estiver habituado a consumir essa informação.

Em exemplos práticos: quem trabalha em instituição bancária não terá tempo para a comunicação interna depois das dez da manhã. Então, o momento de contato mais propício pode ser antes desse horário, quando o banco ainda está fechado ao público. Dessa forma, o horário de funcionamento da área de endomarketing talvez precise ser diferenciado, como estender um pouco mais o trabalho à noite para deixar tudo pronto na primeira hora da manhã.

Em uma indústria, o momento de contato não será durante o expediente, pois a comunicação será melhor aproveitada se entregue na saída do trabalho, no vestiário, no refeitório, no ônibus ou nas praças de comunicação, dependendo do perfil da empresa e do colaborador.

Tudo isso para que esteja disponível na hora certa. Esse é um dos fatores que influenciam todo o processo, e timing e pertinência também são extremamente importantes.

> Muitas empresas têm se comunicado basicamente por e-mail de forma burocrática e com volumes absurdos.

#Ficaadica

• **O excesso de informação é pior que a escassez.** Quando a empresa entrega informação em excesso, elimina o ímpeto das pessoas de ir atrás de alguma novidade. É como a brincadeira já citada das três bolinhas: o colaborador vai agarrar uma em cada mão. Se for atirada uma terceira bolinha, alguma delas cairá no chão. Durante um levantamento de volume, cheguei a um caso de empresa que entregava aos colaboradores vinte e sete laudas diárias de informação. Esse é um caso real. Se for um leitor ágil, o colaborador poderá levar cinquenta e quatro minutos para ler todo o material. Essa disponibilidade não existe no dia a dia. Nesse caso, menos é mais. E o atrativo pode ficar por conta da "embalagem" e da inovação ao entregar a comunicação.

• **É preciso que as pessoas não confundam a comunicação interna com as comunicações internas.** A comunicação administrativa dos setores, por exemplo, não vai se distinguir da comunicação interna oficial se essa última não tiver identidade e processos próprios e se não houver regulação e estabelecimento de meios, canais e limites para a comunicação das demais áreas da empresa.

• **Recursos humanos ou marketing?** O lugar do endomarketing dentro da estrutura da empresa é irrelevante. O que importa é que o trabalho seja feito de forma eficiente, agregando as funções de gestão de pessoas e de estratégia. No Brasil, as áreas de endomarketing estão 60% com o RH, 30% com o marketing e 10% em soluções mistas ou comitês de colaboradores. A resposta ideal para a pergunta é: crie uma gerência específica, mas nunca negligencie a necessidade de integração. O RH está perto do cliente interno e o marketing oferece maior espectro e qualidade de soluções – por isso, devem trabalhar juntos.

• **Use o princípio da autorregulação.** Quando o volume de informações de uma empresa é muito grande e criam-se canais digitais alternativos de divulgação de notícias, a autorregulação pode ser um caminho. Durante um diagnóstico em uma empresa, encontramos 700 e-mails de comunicação interna enviados em um único mês – comunicações internas que não eram corporativas e que escapavam ao controle da empresa. É impossível centralizar essa demanda. **O princípio da autorregulação cria meios para que quem tem uma informação consiga divulgá-la e quem tem interesse em consumir a consuma.** Todos os colaboradores, dessa forma, podem, por exemplo, receber por e-mail um pacote básico de informações. Para receber outros canais de interesse, assinalam a opção de tornar-se assinante do canal no seu perfil na intranet. Canais com muitos assinantes se consolidam dentro da estrutura. E outros com pouco interesse podem ser cancelados.

• **A fase dos porquês não acaba nunca.** O mercado sempre diz que as pessoas são resistentes a mudanças. Isso é parcialmente verdade. Hoje em dia, elas estão muito mais flexíveis. **Entretanto, ainda são resistentes a empreender mudanças cujo sentido elas não compreendam.** Por esse motivo, é importante comunicar bem e explicar sempre todos os porquês. Lembre-se de que, se o colaborador não vê a empresa no futuro, ele não se enxerga dentro dessa mesma empresa no seu futuro. Além disso, se for para enfiar goela abaixo alguma mudança, faça pelo menos com a ajuda de um "suquinho doce".

• **Tenha um plano para quando tudo der errado.** Saber dar as más notícias é um dos principais meios para conquistar a credibilidade necessária para divulgar as boas notícias. Por isso, tenha sempre um plano de contingência.

RESUMO DO CAPÍTULO
CONSOLIDE A ÁREA DE ENDOMARKETING

• Estruture e consolide a área de endomarketing como setor estratégico. É importante planejar como será sua organização e seus processos, tanto quanto planejar suas atividades.

• Crie canais para ouvir os colaboradores. A empresa precisa divulgar suas informações, mas também precisa entregar o que o colaborador quer receber.

• Faça a integração entre todos os setores da empresa. A área de endomarketing deve ter uma preocupação permanente com as interconexões entre todos os setores.

• Seja ágil na sua comunicação para não abalar a credibilidade da empresa. Aproveite o contexto de cada situação e tenha dinamismo e velocidade.

• Mire baixo e acerte o alvo que é mais importante de ser resolvido. Ataque as causas de problemas de comunicação, como estresse, retrabalho, omissões e demoras.

• Divulgue notícias boas com esforço e notícias ruins com mais esforço ainda. O importante é ser transparente.

• O endomarketing é mais necessário para a efetividade e na visão sistêmica do que na campanha de Dia dos Pais. Gaste muito menos energia em datas comemorativas e mais em estratégia de negócios.

• O endomarketing efetivo é, antes de mais nada, afetivo.

• Saia do escritório e vá aonde o seu colaborador está. Dessa forma, será mais fácil conhecer as pressões vividas por ele no dia a dia e, assim, se comunicar com mais efetividade.

• Avalie sempre a performance para melhorar na próxima ação de endomarketing. Sempre que possível, meça antes e depois.

• Saiba qual é o momento de contato mais propício para a comunicação com o colaborador. É preciso estar presente no momento que ele estiver mais sensível e disponível para consumir a informação.

7

GESTÃO DE REDES INTERNAS DE COMUNICAÇÃO

FAZENDO A GESTÃO DA REDE

Para a comunicação interna obter sucesso, um bom caminho é estruturar e implementar um sistema ou *rede interna de comunicação* (RIC). Ela é o conjunto de canais e meios para a distribuição e o consumo das informações relevantes aos processos de tomada de decisão, atendimento da organização e seus objetivos e disseminação de atributos culturais comuns.

A rede interna de comunicação é o conjunto de canais e meios constituídos em função de abrangência, capilaridade e foco de conteúdo, necessário à distribuição e ao consumo das informações relevantes aos processos de tomada de decisão, ao entendimento da organização e seus objetivos e à disseminação de atributos culturais promotores de uma identidade comum, intrínsecos à ideologia central da organização.

INTEGRANDO OS CANAIS

Ao estruturar os canais internos, a proposta é sempre trabalhar o conceito de rede interna de comunicação. Na hora de escolher e montar a dinâmica, os canais não podem estar isolados.

Normalmente, os canais vão surgindo sob demanda, criados para atender o volume de conteúdo genérico, constituindo uma verdadeira colcha de retalhos. A ideia é pensá-los e administrá-los em conjunto. O profissional que será responsável não fará a pauta do jornal ou do mural. Ele pensará na rede como um todo e terá critérios para decidir as informações que serão divulgadas em cada canal – conteúdo perecível aqui, conteúdo atemporal ali.

Existem quatro focos editoriais diferentes que precisam ser contemplados e atendidos de acordo com os canais escolhidos na RIC. São eles: humano, estratégico, de serviço e informativo.

Essa matriz de comunicação interna vai ajudar a classificação e a distribuição da informação, considerando também o hábito de consumo da informação pelas pessoas.

PASSOS PARA A EFETIVIDADE DO CANAL INTERNO

A efetividade de um canal de comunicação passa por diferentes etapas: expectativa, interesse, consumo e reação.

A periodicidade influencia muito a expectativa. As empresas precisam aprender a gerar a expectativa no colaborador. Ele sabe, por exemplo, que a revista será entregue no início do mês e fica curioso para ler o conteúdo.

Ao mesmo tempo, também é importante gerar esse interesse. Uma capa com um lutador famoso para falar de competitividade vai gerar mais interesse do que uma foto do presidente da empresa. É preciso estar atento ao aspecto "comercial" do canal. O colaborador não assina a revista; ainda assim, ela deve ser feita com o que faria uma publicação vender bem, tanto em termos de informação quanto de estética. Por isso, defendo que o colaborador precise fazer uma assinatura "simbólica" da revista. O uso de fontes externas também é sempre importante.

As pessoas têm seus hábitos de consumo. E a empresa precisa facilitar isso. O momento de consumir a informação deve ser prazeroso. E o canal precisa estar presente nessa hora, respeitando o momento de contato e fazendo com que seja positivo e bom para o colaborador. Se esses momentos não existirem, crie novos espaços para isso.

Quando uma revista de moda fala sobre uma estampa específica para o verão, ela está estimulando que o leitor saia e compre um vestido ou uma camisa com aquele tema. Uma matéria, na revista da empresa, sobre velejadores que deram a volta ao mundo falando sobre motivação e mudanças radicais vai provocar uma reação no colaborador. É esperado que ele aplique a informação apreendida dentro da empresa. Essa reação esperada precisa estar tão clara quanto for possível na produção de conteúdo do canal. É a amarração necessária para fazer o conteúdo valer à pena para o colaborador.

EXPECTATIVA > INTERESSE > CONSUMO > REAÇÃO

ANUNCIAR É PRECISO

Se a empresa possui um canal consolidado, uma estratégia deve ser levada em conta: use anúncios. Se todas as publicações externas vivem de publicidade, por que o seu canal interno não tem anúncios direcionados ao colaborador da empresa? As páginas do jornal ou da revista podem trazer anúncios sobre seus subprodutos internos, como programa de participação nos resultados, segurança, sustentabilidade, plano de saúde e qualidade de vida, entre outras iniciativas coordenadas pela área de endomarketing.

No entanto, as empresas acabam fazendo coisas dissociadas. Fazem campanhas de endomarketing e não visualizam que canais internos poderiam estar dando vazão para essas iniciativas com eficiência.

Claro que os anúncios não devem tomar conta de todas as páginas. É possível planejar uma grade de mídia e divulgar corretamente esse conteúdo, como as grandes redes de mídia ou editoras nacionais fazem.

A grade de mídia estabelece os espaços para anúncio nos canais de comunicação e como eles serão utilizados para cada tipo de conteúdo veiculado.

O LUTO AO MURAL

Se você acha o mural um canal essencial, comece a elaborar o luto dele na sua cabeça. O mural vai acabar, principalmente se continuar do jeito que é usado hoje um dia: como jornal de parede.

Quase todas as vezes que me disseram que o mural funcionava na empresa ele era, na realidade, o único canal existente. Para ser efetivo, um mural precisa ter uma disposição mais visual das informações, e não tanto conteúdo que requeira tempo para leitura. As pessoas não ficam em pé paradas na frente do mural lendo todo o conteúdo afixado. Informações em quantidade e profundidade devem ser encaminhadas para outro canal mais adequado.

Há exceções, é claro. Um mural pode ser utilizado, por exemplo, como mídia, e não como canal de notícias, funcionando de forma análoga ao outdoor. Ou seja, nele é veiculada informação para a pessoa "ver", não para a pessoa "ler". Dessa forma, ele estaria focado na base operacional e direcionando para outros canais. É preciso pensar o mural como um apoio de mídia à rede interna de comunicação.

TRANSMÍDIA É IMPORTANTE

Uma das atribuições importantes de todo canal interno é fazer transmídia. Muita gente sabe disso; no entanto, executa de forma equivocada. Transmídia não é fazer algo em um canal e exibir a mesma coisa em outro. O nome disso é redundância. Para ser eficiente, é preciso começar uma história em um canal e terminar no outro, fazendo o colaborador migrar entre os canais em busca de diferentes conteúdos.

Um exemplo: uma entrevista sobre inovação com um diretor ou colaborador destaque pode ser divulgada na revista. E, ao final do texto, uma chamada convida para assistir a um depoimento em vídeo com ele no portal da empresa. E no portal há um link para que o colaborador participe de um concurso de ideias ligadas à inovação.

O tema é o mesmo, mas o aproveitamento entre os canais é diversificado, tornando a pauta mais interessante.

Os mesmos assuntos até podem ser abordados em mais de um canal, mas com enfoques e abordagens diferentes, **porque todo canal precisa de conteúdo exclusivo para existir.**

RESUMO DO CAPÍTULO

REDE INTERNA DE COMUNICAÇÃO

• Os canais devem estar integrados a partir do conceito de rede interna de comunicação e, para garantir a sua efetividade, devem gerar expectativa, interesse, consumo e reação nas pessoas.

• Faça o endomarketing acontecer. Use anúncios para divulgar programas internos na rede. Inspire-se nas grandes redes de mídia e editoras nacionais.

• Os canais internos devem fazer transmídia. Para ter um bom aproveitamento, o tema pode ser iniciado em um canal e retomado em outro, tornando a pauta uma mesma história contada por diferentes canais que se complementam.

INDICADORES DE EFETIVIDADE DE CANAIS

A ESCOLHA DO CANAL

Uma grande empresa, com centenas ou milhares de funcionários. Qual é o melhor canal interno de comunicação? Mural ou jornal? Eu respondo: não importa – **importante mesmo é o conteúdo.** A escolha do canal é feita a partir da definição de qual conteúdo necessita ser transmitido.

O objetivo deve ser **transmitir a informação correta para quem precisa dela, pelo canal adequado e na hora certa.** Essa organização das informações é definida por seis indicadores, que utilizo nos diagnósticos que realizo: pertinência, abrangência, distribuição, estética, identificação e periodicidade.

O processo segue a lógica da economia, com oferta versus demanda informacional, onde as preferências dos colaboradores e a dinâmica da empresa influenciam a escolha dos canais, suas frequências e volumes.

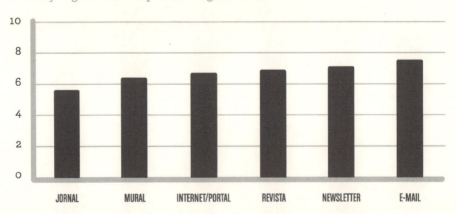

Avaliação geral nas empresas diagnosticadas

O ESSENCIAL: INFORMAÇÃO PERTINENTE

A pertinência é o mais importante de todos os indicadores do canal de comunicação. Se ele não possui pertinência, todos os outros indicadores terão índices ruins.

Sobre a comunicação interna, eu sempre digo: não existe falta de tempo, existe é falta de interesse. E esse pouco interesse do colaborador está estritamente vinculado à falta de pertinência. Tudo se resume a questões essenciais. Publique, na sexta-feira, um banner na intranet avisando que os colaboradores que lerem o Antigo Testamento receberão 20% de aumento e, na segunda-feira, todos estarão recitando o Livro de Jó.

O interesse pode ser notado também quando são dadas opções de escolha. "Você deseja receber a revista da empresa no modo impresso ou on-line?". Se o colaborador responder on-line, salvo se o perfil da empresa for muito tecnológico, saiba que ele não vai ler a revista na web e vai se livrar dela sem culpa. Os mesmos colaboradores que querem o on-line são assinantes de publicações off-line. A leitura no papel é sempre mais valorizada – claro, se a revista for boa.

Para ter pertinência, é preciso recorrer a vários fatores, sendo o principal deles a escuta ao colaborador. A informação relevante para a empresa precisa estar no canal, mas ela também necessita estar "embalada" num conteúdo que seja pertinente para o empregado.

A PERTINÊNCIA NO CICLO DE EFETIVIDADE DA COMUNICAÇÃO

A comunicação interna é um processo interativo que envolve uma contínua troca de informações. Por esse motivo, os canais internos e as ferramentas utilizadas devem estar alinhados à cultura da organização e às particularidades dos colaboradores para que sejam pertinentes e promovam interesse, participação e influência.

Se o canal interno possui pertinência, ele vai provocar o interesse do colaborador. Ao consumir a informação, o empregado ficará mais participativo. Sua participação, por meio de atitudes e exemplos, influencia os colegas, o que se traduz em reflexão e ação e, por sua vez, aumenta ainda mais o interesse. Este é o ciclo virtuoso da pertinência na comunicação interna.

ABRANGÊNCIA: UM CAMINHO DIRETO AO COLABORADOR

Quanto mais abrangente for um canal interno, maior será o seu consumo. A abrangência é um indicador que mede a penetração do canal junto ao seu público. O comunicado pode, por exemplo, ser enviado para 100% das pessoas na empresa. Mas quantas efetivamente o leem?

Os indicadores nunca podem ser analisados de forma isolada. Eles refletem uns nos outros e suas performances afetam o sucesso uns dos outros. A abrangência tem um pacto constante com a pertinência. Os dois indicadores estão correlacionados, da mesma forma que a orientação, o feedback e a formação se sobrepõem, como vimos no capítulo de gestores. Quanto melhor a pertinência, maior será a abrangência.

É importante a empresa fazer a gestão adequada do canal e saber quem e de que forma ele está atingindo dentro da empresa.

ESTÉTICA: SE ESTIVER PENSANDO EM FAZER UM JORNALZINHO, NÃO FAÇA

A estética do canal interno está relacionada à sua competitividade. A revista, o mural ou a newsletter devem ser competitivos levando-se em conta os referenciais que se tem fora da empresa no mercado.

Um jornalzinho é algo inviável para qualquer empresa. Melhor não fazer – porque as pessoas terão um interessezinho por seus textinhos. Faça um jornal de verdade para ter interesse de verdade.

Se optar por fazer um jornal, faça uma publicação bonita, tão boa quanto os jornais e revistas que os colaboradores já estão acostumados a ler. Por isso, essa estética tem muita relação com o perfil do público interno. Se eles gostam de ler revistas sobre celebridades, o canal da empresa não pode se assemelhar a um jornal de negócios.

Além disso, o texto deve ser sempre bom, claro e bem escrito. Você pode até pensar: "Meu pessoal tem pouca formação escolar, sabem ler, mas podem não entender o texto". Esse é um motivo concreto para investir na área e contratar, por exemplo, um jornalista especializado. Como dizia Nelson Rodrigues: "Escrever fácil é muito difícil".

Segundo o IBGE, 18% dos brasileiros são analfabetos funcionais, ou seja, pessoas que possuem menos de quatro anos de estudo. Nesse sentido, repensar a mídia utilizada pode ser uma ótima solução. O mesmo texto do jornal ou revista adaptado para uma rádio interna pode ter muito mais efeito.

Seja qual for o canal, a informação não pode ser redigida por alguém inexperiente. Um profissional do texto saberá escolher o vocabulário, a abordagem e o enfoque adequados.

Para ampliar o interesse das pessoas, é necessário estar mais presente no seu dia a dia, conhecer suas expectativas e, portanto, os referenciais externos estarão mais presentes na comunicação interna. Além disso, a comunicação interna deve ser tão ou mais qualificada que a comunicação externa.

DISTRIBUIÇÃO:
ENTREGA EFICIENTE E EFETIVA

A distribuição é o indicador que determina como o canal chegará até o colaborador e qual a melhor maneira disso ser feito. Para canais impressos, como jornais e revistas, muitas vezes as empresas entregam de mão a mão. Geralmente, esse é o caminho mais rápido para o material acabar no lixo. Uma alternativa é criar expositores para que quem quiser pegue o seu exemplar. A eficiência e a efetividade do canal passam pela distribuição.

Outra possibilidade é a criação de uma rádio. Pode ser um canal diferenciado para atingir o colaborador. E, ao relembrar o conceito do momento de contato, não seria ainda mais inusitado sonorizar o refeitório? Um programete de três minutos veiculado durante o almoço será ainda mais positivo.

O caso de canal mais bem-sucedido que já presenciei ocorreu em uma sede no interior de uma grande indústria alimentícia do país. No refeitório, durante o intervalo do almoço, a rádio era apresentada ao vivo. O apresentador falava de aniversários, datas comemorativas, sorteios, brincadeiras e, no meio disso tudo, trazia dados e indicadores da empresa, orientações de segurança, estratégias, classificados e outros. O locutor, responsável pela área de endomarketing e comunicação interna, era conhecido de todos e os colaboradores participavam ativamente.

Outra possibilidade também é criar assinaturas de canais, inclusive com a opção de receber diretamente em casa as publicações da empresa.

PERIODICIDADE: REFORÇANDO A CONFIABILIDADE E A LOGÍSTICA

A periodicidade é outro indicador importante dos canais internos. Ela é influenciada por dois fatores: a confiabilidade do canal e a logística.

O colaborador precisa saber que o cronograma estabelecido será cumprido. Se o mural deve ser atualizado toda segunda-feira pela manhã, é isso que deve ser feito. É a confiabilidade da relação com a empresa.

Na logística, entra a visão do administrador para o canal, gerenciando a questão de oferta e de demanda. Por exemplo: se a empresa possui cem unidades de informação, é preciso criar um sistema para distribuir essa quantidade. Como entregar isso? Pode-se ter quatro canais de vinte e cinco informações cada, cinco canais de vinte, ou pode ser misto. Quanto mais dinâmica for a empresa, mais perecível a informação é. Por esse motivo, mais rápido ela precisa circular: em canais menores de maior frequência, por exemplo.

A periodicidade é determinada por essa dinâmica. Também é isso que vai definir que o canal interno não é arqueológico (focado no passado), que olha a empresa pelo retrovisor e só divulga notícias ultrapassadas.

Conheço empresas que possuem jornais trimestrais de quatro páginas. Esses canais, geralmente, funcionam mais como registro histórico, pois a notícia fica velha muito rápido, a publicação perde a utilidade e as pessoas acabam não lendo. Como consumidores de informação, estamos acostumados aos jornais diários. Então, se a empresa não tiver um jornal com, no mínimo, periodicidade mensal e volume compatível, não vai dar conta de comunicar nada.

Já as revistas conseguem chegar mais perto do referencial que as pessoas têm por trazerem matérias atemporais. Em uma boa revista mensal, mesmo que tenha sido publicada há um ano, ainda posso achar conteúdo interessante. Nas publicações semanais, por tratarem de pautas factuais, isso não acontece. A validade é curta e determinada.

Uma empresa pode ter uma revista e outros canais menores. O essencial é tornar o meio interessante e atrativo para o colaborador, assegurando a entrega nos prazos estabelecidos e organizando os conteúdos nas diferentes mídias.

IDENTIFICAÇÃO: VALORIZANDO A CULTURA

O indicador de identificação está relacionado ao quanto o canal interno é um referencial da cultura da empresa, contribuindo para fortalecer a identidade corporativa.

É como um desdobramento de dentro para fora. No canal, entrarão os posicionamentos e a filosofia da empresa, reforçando algumas características marcantes e que já fazem parte da imagem corporativa.

É preciso fazer com que a empresa esteja dentro da pessoa, e não a pessoa dentro da empresa. O canal ajuda a fazer com que a empresa exista para o colaborador como um ente repleto de significado. Por exemplo: sou brasileiro, sou gaúcho e trabalho na empresa X. São elementos fortes de identidade entre empresa e colaboradores. A empresa fica no "centro do mundo" do colaborador.

RESUMO DO CAPÍTULO

APRIMORANDO O CANAL INTERNO

• O conteúdo é mais importante que o canal. É preciso transmitir a informação correta para quem precisa dela, pelo canal adequado e na hora certa.

• Para o canal ter pertinência, saiba ouvir o colaborador e oferecer conteúdos que interessem a ele, pois nada impede uma pessoa de correr atrás de uma informação que deseje muito.

• O canal deve ser competitivo levando-se em conta os referenciais do mercado e o padrão estético do colaborador. Invista e faça uma publicação bonita e interessante.

• A eficiência e a efetividade do canal passam pela distribuição adequada. Faça a informação estar disponível ao colaborador e estimule-o a buscá-la.

• A periodicidade do canal é determinada pelo volume de conteúdo e pela dinâmica da empresa. Quanto mais dinâmica for a empresa, mais perecível a informação será. Portanto, o canal precisa ser menor e mais frequente.

• O canal deve ser um reflexo da cultura da empresa e uma expressão autêntica de sua linguagem para gerar maior identificação. A empresa precisa estar dentro da pessoa, e não apenas a pessoa dentro da empresa.

TENDÊNCIAS

OLHOS DIRECIONADOS PARA O FUTURO

As práticas consolidadas de endomarketing geralmente funcionam, mas cada caso é um caso. É preciso, de forma permanente, estar com os olhos voltados para o futuro para antecipar e visualizar as tendências para a comunicação interna – não apenas as tecnológicas, como também as conceituais. Neste capítulo, apresento algumas delas.

CONCENTRAÇÃO E CONTUNDÊNCIA

Em alguns casos, o que importa é fazer menos e mais – ao mesmo tempo. Além de ser distribuída, é importante que a comunicação interna seja consumida e retida. O processo para despertar a atenção e o interesse é complexo: é difícil chegar ao colaborador e produzir visibilidade para atingir a reação pretendida. Para tudo isso, é necessário que a comunicação interna tenha força.

Por exemplo, dependendo das escolhas, é ineficiente distribuir um monte de cacarecos nas datas comemorativas. Se a empresa dispõe de mil reais por mês para o endomarketing, não gaste mês a mês. Invista seis mil a cada semestre em duas ações marcantes. Melhor do que dar um brinde simples e descartável em doze ações durante o ano; deixe para dar aos colaboradores dois brindes bons e memoráveis ou apenas um no fim do ano.

Não estou falando especificamente dos brindes, e sim do raciocínio. Por exemplo: uma operadora de televisão a cabo criou um concurso cultural inusitado para os seus colaboradores. Concentrou os esforços nessa ação única para vender o conceito do seu principal produto. No concurso, cada colaborador apontou o seu desejo e os escolhidos foram prontamente atendidos. Foi uma experiência inesquecível para as oito pessoas vencedoras escolhidas para terem seus desejos realizados no momento do anúncio, dentro da empresa. Saíram diretamente para o aeroporto para viajar até o local onde o pedido seria atendido. Um deles viajou no mesmo dia para saltar de paraquedas no Rio de Janeiro. Na hora, no ato. Isso é contundência. Tudo foi filmado e divulgado na empresa.

Mas agora falando especificamente de brindes: nem sempre eles são a melhor solução. Dar brinde só é bom para a agência de publicidade que atende a sua empresa e ganha comissão do fornecedor. Para a cultura do colaborador, ele não agrega nada. Entregar uma camiseta durante um evento onde a simbologia do uso da camiseta é reforçada é bom. No entanto, somente entregar a camiseta não adianta, especialmente quando o diretor permanece de terno e gravata durante o evento.

Campanhas internas cuja repercussão seja mais forte tanto na transmissão da mensagem quanto na mobilização das pessoas terão mais relevância do que esforços fragmentados em diversas iniciativas – como nas datas comemorativas. E ações surpreendentes provocam reações acima das expectativas.

APOSTE NO PROTAGONISMO

Usar o colaborador em campanha interna não é algo novo, mas tornar o colaborador o personagem principal de toda a comunicação interna é uma tendência.

Antes, o protagonista era a empresa; depois, veio a época dos executivos. Agora, quem está nesse papel é o colaborador. Mesmo que ele seja, em alguns casos, o presidente ou um diretor. Mas ele estará ali retratado como um colaborador.

Uma das empresas onde atuo como consultor criou uma campanha interna inusitada: todos os diretores foram caracterizados como personagens históricos (cientistas, inventores e pensadores como Santos Dumont, Albert Einstein, Steve Jobs), divulgando a necessidade do colaborador investir em inovação. Eles estavam "pagando o mico", mas agindo como colaborador, representando a equipe, e convidando os colegas a adotarem a ideia. A mensagem era: "Inovar é tão importante para a empresa que estamos aqui fazendo isso com você".

Esse tipo de campanha reduz as distâncias na hierarquia e aumenta a identificação dos colaboradores com os seus líderes. Claro que a revista poderá continuar publicando o editorial do presidente. Mas a tendência aponta que a empresa deve ir além e apostar nesse protagonismo. E também mudar o seu próprio conceito de "aprovador" do conteúdo. Hoje em dia, quem deve aprovar e validar o conteúdo da comunicação interna é o colaborador.

LIBERE AS REDES SOCIAIS

Em pesquisas realizadas pela minha empresa de consultoria, descobri que mais de 90% das pessoas estão presentes nas redes sociais. Elas a usam para interagir com colegas de trabalho ou com amigos. Muitas delas não estão autorizadas a acessar esses sites nos computadores do trabalho, mas 38% acabam fazendo isso diretamente pelo celular – ou seja, você bloqueia o uso na empresa, mas as pessoas se distraem ainda mais usando os próprios recursos. Então, crie uma janela para que elas possam utilizar. Essa tendência está relacionada à questão da interação com o colaborador.

Mais cedo ou mais tarde, seremos obrigados a usar as redes sociais para fazer comunicação interna. Para algumas atividades, isso já é essencial. Para outras, onde as redes sociais ainda não são imprescindíveis, pode existir uma alternativa transitória: pode-se criar horários específicos, quando a navegação nas redes sociais é liberada. Por exemplo, no horário de almoço.

Por outro lado, algumas empresas já usam as redes sociais para a sua comunicação interna e compartilham as informações com os colaboradores na web. No entanto, a grande maioria das corporações ainda tem medo de se expor.

Ao mesmo tempo, é preciso assegurar um código de comportamento dos colaboradores nas redes sociais. Isso evita problemas como os funcionários inflamados defendendo a empresa a qualquer custo e mais atrapalhando do que ajudando. É preciso sempre ter em mente que, nas redes sociais, os problemas e crises geram repercussão, mas as coisas boas também podem gerar uma boa audiência.

DIRETO AO PONTO

Existe algo que ainda não aprendemos: fazer a comunicação interna direto em dispositivos móveis, como smartphones e tablets. O SMS, por exemplo, já é bastante usado. O mesmo vale para as redes sociais. Existem outras possibilidades e tecnologias prontas para serem utilizadas. Essa é, definitivamente, uma tendência do endomarketing e prevê a questão da acessibilidade e da disponibilidade do colaborador.

Esse é um novo caminho. Muitas empresas ainda não estão prontas ou não têm coragem para fazer isso, pois exige um nível de abertura e exposição, que deve começar pelos gestores, mas que a empresa pode não estar preparada para bancar.

Essa comunicação pode ser um tutorial sobre um novo processo, um vídeo do presidente da empresa, dados do último relatório apresentados de forma interessante. E um caminho para ter a privacidade assegurada é desenvolver os próprios aplicativos. Imagine um aplicativo que possa gerenciar as campanhas internas, acompanhar a evolução do planejamento estratégico e/ou comunicar de forma mais eficiente os relatórios e as conquistas da organização. Essa é uma possibilidade que está se desenhando com força nas empresas.

O FIM
DOS SORTEIOS

Se os sorteios continuarem a ser usados com a finalidade de reconhecimento para os colaboradores, eles irão acabar, especialmente quando forem destinados a equipes comerciais e que, em vez de funcionar como marketing de incentivo, funcionam como marketing de desestímulo.

Imagine a cena: os dez vendedores com as melhores vendas obterão as maiores pontuações e o direito de participar do sorteio de um carro. E, quando o nome é sorteado, ganha, justamente, o décimo colocado. Qual o incentivo nisso? Ou então a empresa sorteia uma televisão de quarenta polegadas na festa de fim de ano. E quem ganha é o colega mais odiado do setor, aquele que criou problemas e se envolveu em discussões durante todo o ano, um desengajado.

Fazer isso é promover ainda mais desavenças entre os colaboradores, porque, não raro, ganha quem não merece. E a empresa acaba gerando uma crise que pode sair mais cara do que o presente ou o brinde comprado.

Para incentivar a equipe, é preciso criar formas de premiar e valorizar quem merece. **A meritocracia é a chave e as regras são simples: todos têm as mesmas chances, mas apenas os melhores ganharão.** A lógica é semelhante aos programas de milhagem das companhias aéreas: quem viaja mais tem mais direito a milhas para novas passagens.

QUEM INFORMA, FORMA

Defendo que um dos objetivos da comunicação deve ser educar as pessoas para o trabalho. Diferentes recursos de mídia podem explicar em detalhes processos e atividades. A "aula" pode ficar mais lúdica com o auxílio de técnicas de fotonovela, charge ou história em quadrinhos, por exemplo – desde que estejam adequados ao perfil do público.

Em termos práticos, essa comunicação educativa, ao ser direcionada para um colaborador que atua no escritório, por exemplo, pode estar relacionada a temas afins da empresa, como segurança patrimonial (auxiliando-o para que não caia em fraudes) e sustentabilidade (para que tenha uma alimentação mais saudável), entre outros.

Esse processo educativo tem três atributos:

• Analogia do que o colaborador faz no trabalho com que ele faz fora dele.

• Construção didática que a comunicação deve ter.

• Prestação de serviços.

Cada vez mais, a comunicação interna estará vinculada à educação, seja no incentivo a atitudes, seja nas técnicas e protocolos de trabalho. Inclua conteúdos educativos sempre que possível em suas iniciativas.

RESUMO DO CAPÍTULO

PERMANEÇA ATENTO ÀS TENDÊNCIAS

• Fazer comunicação interna em dispositivos móveis é um novo caminho. Existem muitas possibilidades e tecnologias prontas para serem utilizadas.

• Não bloqueie as redes sociais, mas oriente as pessoas para usá-las e tenha iniciativas de comunicação interna para elas. Para algumas atividades, isso já é essencial.

• Faça do colaborador protagonista da comunicação interna e tenha em mente que ele é o principal aprovador.

• Concentração e contundência de tudo o que se faz em endomarketing e comunicação interna é mais efetivo do que volume e frequência.

• Evite os sorteios. A meritocracia é a chave: todos têm as mesmas chances e os melhores ganharão.

• Quem informa, forma. Inclua conteúdos educativos sempre que possível em suas iniciativas.

NÃO EXISTE GESTÃO SEM COMUNICAÇÃO.
SERÁ QUE VOCÊ CONCORDA COMIGO?

Comecei a perceber isso nas oportunidades em que apresentei diagnósticos de comunicação para diretores e presidentes de empresa – algo que era raro no passado, e hoje é cada vez mais frequente. Nessas reuniões, fica muito evidente o quanto aquilo que vemos na superfície esconde, na verdade, problemas mais profundos, com potencial de comprometer severamente os resultados das empresas.

Desvendar a extensão e a complexidade do iceberg é meu trabalho, pois somente conhecendo o todo em detalhes é possível fazer endomarketing e comunicação interna estratégicos, que de fato ajudem a empresa a melhorar sua relação com os empregados, a qualificar suas entregas aos clientes e a maximizar o desempenho de seus processos para, com isso, obter melhores resultados.

Neste livro, busquei chamar atenção para essa complexidade, tentando demonstrar o quanto o endomarketing é de fato estratégico. Belas campanhas e excelentes canais internos não bastam se não houver um direcionamento claro para a estratégia de negócios da empresa.

Não gosto de manuais, mas me permito identificar as etapas ideais para o sucesso de um programa de endomarketing e comunicação interna. O primeiro é realizar um diagnóstico profundo e competente, que não se restrinja à análise do que é feito de comunicação interna em si, mas que correlacione essas práticas com a gestão e a cultura da empresa, buscando, sobretudo, as dissonâncias e incongruências entre o que é dito e o que é feito. Pois, lembrando, antes de comunicar aquilo que faz, a empresa deve fazer aquilo que comunica.

O segundo passo é planejar e (re)estruturar a área de endomarketing e comunicação interna, sua equipe e responsabilidades, processos de trabalho, políticas e relacionamento com cliente interno e, só então, em terceiro, fazer um planejamento detalhado das atividades e iniciativas da área, sempre pensando em concentração, com excelência e foco no colaborador.

Depois disso, antes de "botar o bloco na rua", foco nos gestores. É preciso muitas vezes capacitá-los para o exercício da comunicação direta face a face, apresentando a eles o diagnóstico, esclarecendo seu papel como comunicadores e consolidando uma parceria na execução do planejamento de endomarketing e comunicação interna. Esse movimento deve abranger inclusive a alta gestão, bem como devem ser elaborados uma política e um processo de comunicação direta.

A implantação da rede interna de comunicação, ou sistema integrado de comunicação interna, vem logo em seguida. Foque primeiro nos canais e seus conteúdos para, depois disso, veicular campanhas internas. É altamente recomendável realizar uma campanha temática, que dure um ano ou dois, vinculada à estratégia de negócios e à cultura empresarial, um posicionamento interno a partir do qual todas as demais campanhas serão inspiradas.

Por fim, mensuração constante e periódica de tudo o que for feito. Não há soluções prontas, mas um roteiro de orientação é possível.

Vejo em nossa atividade um amplo e próspero futuro. Já fizemos muito na última década, principalmente, mas ainda é pouco diante das possibilidades e dos desafios que se apresentam. Temos muito a contribuir para as organizações de todos os setores, agregando a elas competitividade e solidez.

Realmente espero que este livro possa contribuir ainda mais para a produção de conhecimento e a qualificação das nossas atividades. Espero também que, um dia, todos os dirigentes das organizações percebam o quanto é importante voltar suas atenções para dentro da empresa e para as pessoas que dela fazem parte. É para isso que trabalho. Quando isso acontecer, teremos relações mais efetivas, mais humanas, com pessoas mais produtivas e, é claro, mais felizes. Não é um plano, e sim um sonho. Posso contar com você?

AGRADECIMENTOS

Esta é sempre uma parte difícil de um livro. É impossível ser justo e contemplar todas as pessoas que de uma maneira ou de outra contribuíram para que eu pudesse desenvolver este trabalho – também porque, de certa forma, diferentes pessoas o escreveram.

O "pesquisador e consultor de endomarketing" precisa agradecer a todas as empresas, representadas por seus profissionais, que, desde 2002, confiaram em seu trabalho e possibilitaram um aprendizado enorme, qualificando por meio da experiência um conhecimento que só é possível pela prática, inclusive tolerando e partilhando os inevitáveis erros. Sim, porque um especialista é alguém que já errou tudo que podia em determinada área e, só por isso, maximizou as chances de acertar. Confesso e aceito isso com orgulho. Portanto, a todos os meus clientes: muitíssimo obrigado!

O "professor, instrutor e palestrante" deve prestar agradecimento aos milhares de alunos e alunas, tanto das turmas abertas quanto daquelas in company, pela oportunidade de compartilhar experiências e conhecimento e, sobretudo, por ser constantemente desafiado. Agradeço por ter feito alguma diferença em suas vidas e carreiras.

O "sócio da Santo de Casa" tem a oportunidade de trabalhar com a melhor equipe de profissionais do mercado, pessoas obstinadas e apaixonadas, incansáveis na busca da excelência. De nada adiantaria meu trabalho se, juntos, não tivéssemos a oportunidade de realizar projetos desafiadores e diferenciados, que de fato promovem a melhoria das vidas das centenas de milhares de colaboradores das empresas que atendemos e, é claro, os resultados dessas organizações.

O "filho do Antônio e da Lenira" não pode deixar de agradecer por tudo, tudo mesmo, que recebeu ao longo da vida desses pais maravilhosos, generosos e sempre presentes – pelos valores, pelos exemplos, pela ambição de ser uma pessoa cada vez melhor. Faltam palavras para descrever tudo que sinto, muito menos para expressar meu agradecimento. E, já que estou falando em família, preciso agradecer também a meus irmãos Luciano, Leandro, Tiago, Fernando e Rafael pelo encorajamento e apoio irrestrito.

O "gestor" tem a obrigação de agradecer às profissionais com quem trabalhou ao longo destes anos, pois nada se faz sozinho. Não posso deixar de mencionar Cássia Lopes e Valéria Gazzola, mas sobretudo preciso agradecer a Lisiane Dias. Minha amiga, comadre, sócia, irmã, braço direito e esquerdo... Não teria sequer conseguido escrever a introdução deste livro se não pudesse contar com sua dedicação e competência na condução de tantos projetos ao longo destes anos juntos. Agradeço muito pelas trocas de alto nível, pela confiança, pelo aprendizado e até por ler meus pensamentos. Este livro é mérito seu também!

O "namorado da Juliane" deve sua inspiração a essa mulher maravilhosa, repleta de contrastes, tão forte e ao mesmo tempo tão delicada, que me ensinou a sorrir, me rejuvenesceu a mente e o coração e tem tornado meus dias muito felizes. Agradeço por aceitar as ausências, tolerar o estresse, confiar no futuro e permitir que eu seja um homem melhor a cada dia. Agradeço pelo exemplo de vida e superação, por cada sorriso fácil, pelo olhar carinhoso que diz tudo que as palavras não conseguem. Meu amor, obrigado!

O "pai completamente apaixonado da Maria Laura" precisa controlar as palavras para não escrever páginas e páginas sobre o que sente e o quanto é grato a essa menina. Esse anjo. Há oito anos, renasci com você – tão pequena e já tão eloquente, sempre atenta e me surpreendendo a cada dia. Agradeço, minha filha, por iluminar meus passos, por ser minha amiga, minha incentivadora, minha heroína. Agradeço por ser tão forte e carinhosa, tornando cada segundo ao seu lado um momento único, alegre, realizador, que só me faz ter vontade de passar cada vez mais tempo com você. Agradeço pela saudade boa, por cada abraço pendurada em meu pescoço, por cada "bom dia para você", por cada história que lhe conto, por tudo. Obrigado, filhote, meu orgulho, tudo para mim.

Por fim, mas não menos importante, agradeço a você, leitor. Espero merecer sua escolha por este livro.

daniel.costa@bwg.com.br

Descubra a sua próxima
leitura na nossa loja online

dublinense .COM.BR

Composto em ARCHER e impresso na PRINTSTORE,
em AVENA 90g/m², na PRIMAVERA de 2024.